JN452643

擊蒙要訣

손으로 쓰는 책 격몽요결
초판인쇄 2021년 1월 20일
초판발행 2021년 1월 27일

저술_이이
역해_김현길
디자인_이혜원
발행인_김현길
발행처_도서출판 문파랑

등 록_제313-2006-000253호
주 소_서울시 은평구 은평로2길 19(동진B 301호)
전 화_ 02) 3142-3827
팩 스_02) 6442-0839
E·mail_ aveva@naver.com

값 14,800원

ISBN 978-89-94575-56-8 (03140)

격몽요결

도서출판 문파랑 文波浪

기획의 말

이 책은 조선시대의 대표적 초학용 교재이자 유학 입문서인 〈격몽요결〉을 한글로 알기 쉽게 풀이하여, 독자에게 우리 옛 고전의 의의와 가치를 전달하며, 또 한자를 직접 손으로 써 보고, 한문 해석의 문리를 스스로 익히는 데 도움을 주려는 목적으로 기획되었다.

'격몽擊蒙'은 사리에 어둡고 우둔한 어린이를 일깨운다는 뜻이고, '요결要訣'은 어떤 일을 이루거나 해결하는 데 꼭 필요한 비법이나 가장 중요한 뜻을 가리킨다. 이 두 단어의 의미를 헤아려서, 곧 율곡 선생이 〈격몽요결〉을 저술한 취지를 바로 알 수 있다.

이 책의 편집 구성상 가장 두드러진 특징을 소개하자면, 우선 한자 풀이는 훈과 음을 달되 그 한자의 대표적으로, 일반적으로 쓰이는 의미뿐만 아니라 문맥과 품사 용법에 따라 다르게 쓰이는 의미도 열거했다.

또 문장 풀이에서, 한문 공부의 입문자를 이 책의 일차 독자로 상정하여, 한문 해석이 실제로 어떻게 이뤄지는지 이해하기 쉽게, 되도록 직역하였다. 문맥에 따라, 그리고 명확한 의미 전달을 위해 역자가 의역을 한 곳은 그 설명을 덧붙여 명기했다.

손으로 직접 글을 써 보는 필사의 그 학습적 효과는 눈으로만 읽는 독서에 비할 바가 아니다. 이 책의 구성에서, 한자 어휘와 문장 구절을 독자가 스스로 써 보며 익힐 수 있는 연습란을 별도로 마련한 까닭이다.

일러두기

之_갈 지/ 가다, 이르다, 도달하다// '~의', 관형격 어조사.
係_맬 계/ 매다, 묶다, 잇다// 끈, 줄, 핏줄, 혈통.

훈과 음 다음의 / 표시 뒤에는 글자 뜻을 열거하였고, // 표시 뒤에는 품사를 달리하는 글자 뜻을 나열하거나 본문에서 쓰인 문법적 구실을 설명하였다.

목 차

擊蒙要訣 序

人生斯世에 非學問이면 無以爲人이니 所謂學問者는 亦非
인생사세 비학문 무이위인 소위학문자 역비
異常別件物事也라.
이상별건물사야

只是爲父엔 當慈요 爲子엔 當孝요 爲臣엔 當忠이요 爲夫婦엔
지시위부 당자 위자 당효 위신 당충 위부부
當別이요 爲兄弟엔 當友요 爲少者엔 當敬長이요 爲朋友엔 當
당별 위형제 당우 위소자 당경장 위붕우 당
有信이니 皆於日用動靜之間에 隨事各得其當而已요 非馳
유신 개어일용동정지간 수사각득기당이이 비치
心玄妙하여 希覬奇效者也라.
심현묘 희기기효자야

但不學之人은 心地茅塞하고 識見茫昧라.
단불학지인 심지모색 식견망매

故로 必須讀書窮理하여 以明當行之路然後에 造詣得正하고
고 필수독서궁리 이명당행지로연후 조예득정
而踐履得中矣리라.
이천리득중의

字解

擊_칠 격/ 공격하다, 부딪치다, 일깨우다, 계도하다.

蒙_어두울 몽/ 어리다, 어리석다.

격몽擊蒙: 사리에 어둡고 우둔한 어린이를 일깨움.

要_요긴할 요/ 중요하다, 요약하다, 요구하다.

訣_이별할 결/ 헤어지다. 결단하다// 비결.

요결要訣: 어떤 일을 이루거나 해결하는 데 꼭 필요한 비법. 또는 가장 중요한 뜻.

以_써 이/ ~로, ~를 가지고, ~에 따라, ~에 의해서, ~하여, ~때문에// 전치사나 후치사로 쓰여 이유, 수단, 까닭, 방법 등을 나타낸다.

무이無以: ~하지 못하다, ~ 할 수 없다, ~할 방법이 없다.

위인爲人: 사람이 되다는 뜻으로, 문맥에 따라 사람 됨됨이를 바르게 갖추거나 사람 노릇을 제대로 하는 것으로 해석할 수 있다.

이상異常: 정상적이고 일반적인 것과는 다르게 별나고 색다름.

별건別件: 보통 것과 다른 물건이나 관련 없는 사건.

只_다만 지/ 단지, 오직, 뿐, 그러나.

동정動靜: 걷고 서고 앉고 일어서는 따위 일상생활에서 사람이 하는 행동거지. 곧 처신하는 일.

隨_따를 수/ 좇다, 추종하다. 추구하다.

이이而已: ~일 뿐이다, ~할 뿐이다. 강조와 단정의 뜻을 나타내는 종결사.

馳_달릴 치/ 질주하다, 좇다, 몰다, 향하다.

현묘玄妙: 헤아릴 수 없이 아득한 상태 또는 매우 미묘한 경지.

覬_바랄 기/ 바라다, 넘겨다보다.

奇_기이할 기/ 괴상하다, 기특하다, 뛰어나다// 홀수.

效_본받을 효/ 배우다, 밝히다, 드리다, 바치다// 공, 공로, 보람, 효과.

但_다만 단/ 오직, 그러나, 그렇지만.

茅_띠(풀 이름) 모.

塞_막힐 색/ 막다, 차다, 채우다, 가리다.

_변방 새/ 요새, 보루.

모색茅塞: 글자 뜻은 띠풀로 길이 막힌 것을 나타내지만, 비유적인 의미로써 풀이하면, 탐욕이나 무지 탓에 본마음이 막히고 가려진 것을 말한다.

茫_아득할 망/ 드넓다.

昧_어두울 매// 어둑새벽.

망매茫昧: 세상 물정에 어둡고 어리석음.

窮_다할 궁/ 극에 달하다, 마치다, 중단하다, 궁하다, 가난하다, 연구하다, 궁구하다.

造_지을 조/ 만들다, 이루다, 성취하다, 이룩하다.

詣_이를 예/ 다다르다, 도달하다, 나아가다.

조예造詣: 학식, 예술, 기술 등 그러한 분야의 지식과 경험이 깊은 경지에 이른 정도.

而_말 이을 이/ 너, 자네, 그대//문맥에 따라 '그리고, 그래서', '그러니', '그러므로' 따위의 순접 접속사, 또는 '그러나', '하지만', '그렇지만' 따위의 역접 접속사로 쓰인다.

踐_밟을 천/ 이행하다, 실천하다.

履_밟을 리/ (신을) 신다, 겪다, 행하다.

천리踐履: 실제로 이행하고 실천하는 것을 뜻한다.

득중得中: 꼭 알맞음. 곧 올바른 길이나 도리를 말한다.

文解

사람이 이 세상을 살아가는데 학문이 아니면 사람 노릇을 하지 못하니 이른바 학문이란 것은 또 이상하고 별난 물건이나 일은 아니다.

다만 아버지가 되어선 마땅히 사랑해야 하는 것이요, 자식이 되어선 마땅히 효도해야 하는 것이요, 신하가 되어선 마땅히 충성해야 하는 것이요, 부부가 되어선 마땅히 유별해야 하는 것이요, 형제가 되어선 마땅히 우애해야 하는 것이요, 나이 어린 사람이 되어선 마땅히 어른을 공경해야 하는 것이요, 친구가 되어선 마땅히 믿음이 있어야 하는 것이니, 날마다 하는 행동거지에서 모두 상황에 따라 각각 그 마땅함을 얻는 것일 따름이요, 마음을 현묘한 곳으로 달리게 하여 기이한 효과를 바라고 넘겨다보는 것이 아니다.

그러나 배우지 않은 사람은 마음의 본바탕이 가려져 막히고 식견이 흐릿하고 어둡다.

그러므로 반드시 책을 읽고 이치를 깊이 따져 마땅히 가야 할 길을 밝힌 뒤에 나아가는 길이 바르게 되고 실제로 몸소 올바른 길을 걷게 될 것이다.

漢字練習

擊

칠 격

蒙

어두울 몽

要

요긴할 요

訣

이별할 결

隨

따를 수

馳

달릴 치

覬

바랄 기

漢字練習

奇

기이할 기

效

본받을 효

但

다만 단

茅

띠풀 모

塞

막힐 색

茫

아득할 망

昧

어두울 매

漢字練習

窮								

다할 궁

造								

지을 조

詣								

이를 예

踐								

밟을 천

履								

밟을 리

妄								

망령될 망

文章練習

人生斯世에 非學問이면 無以爲人이니 所謂學問者는

亦非異常別件物事也라.

只是爲父엔 當慈요 爲子엔 當孝요 爲臣엔 當忠이요

爲夫婦엔 當別이요 爲兄弟엔 當友요 爲少者엔 當敬長이요

爲朋友엔 當有信이니 皆於日用動靜之間에 隨事

各得其當而已요 非馳心玄妙하여 希覬奇效者也라.

但不學之人은 心地茅塞하고 識見茫昧라.

故로 必須讀書窮理하여 以明當行之路然後에 造詣

得正하고 而踐履得中矣리라.

今人은 不知學問이 在於日用하고 而妄意高遠難行이라.
금인 부지학문 재어일용 이망의고원난행

故로 推與別人하고 自安暴棄하니 豈不可哀也哉아.
고 추여별인 자안포기 기불가애야재

余定居海山之陽할새 有一二學徒相從問學하니 余慚無以爲師요 而且恐初學이 不知向方하고 且無堅固之志而泛泛請益이면 則彼此無補하고 反貽人譏라.
여정거해산지양 유일이학도상종문학 여무참이위사 이차공초학 부지향방 차무견고지지이범범청익 즉피차무보 반이인기

故로 略書一冊子하여 粗敍立心飭躬奉親接物之方하고 名曰擊蒙要訣이라 하여 欲使學徒觀此하고 洗心立脚하여 當日下功하고 而余亦久患因循하여 欲以自警省焉하노라.
고 약서일책자 조서립심칙궁봉친접물지방 명왈격몽요결 욕사학도관차 세심립각 당일하공 이여역구환인순 욕이자경성언

丁丑 季冬에 德水 李珥는 書하노라.
정축 계동 덕수 이이 서

字解

妄_망령될 망/ (법도에) 어긋나다, 헛되다.

推_밀 추/ 추천하다, 천거하다, 헤아리다, 추측하다.

_밀 퇴.

暴_사나울 폭 | 포 / 난폭하다, 모질다, 해치다.

棄_버릴 기/ 그만두다, 돌보지 않다.

포기暴棄: 절망에 빠져 제 몸을 돌보지 않는 것을 말한다.

余_나 여/ 予와 같은 글자.

哉_어조사 재/ 감탄의 뜻을 나타내는 종결사.

해산지양海山之陽 : 陽은, 산의 경우는 남쪽을 가리키고, 물의 경우는 북쪽을 가리킨다.

慙_부끄러울 참/ 수치스럽다// 부끄러움, 수치.

泛_뜰 범/ 넓다.

범범泛泛: 신중하지 못하고 조심성 없는 모양을 말한다.

貽_끼칠 이/ 주다, 전하다.

譏_비웃을 기/ 나무라다, 꾸짖다.

粗_거칠 조/ 대략.

敍_펼 서/ 늘어서다, 베풀다, 진술하다, 쓰다// 차례, 순서.

飭_삼가할 칙/ 조심하다, 훈계하다, 바로잡다.

躬_몸 궁/ 신체, 자기, 몸소, 스스로.

접물接物: 대인접물對人接物의 뜻으로 교제, 곧 다른 사람과 만나 사귀는 일을 가리킨다.

洗_씻을 세/ 깨끗이 하다, 설욕하다.

脚_다리 각/ (물건의) 아랫부분, 토대가 되는 것, 몸둘 곳.

입각立脚: 입신立身의 의미로써, 자리에서 똑바로, 확고히 일어서는 것을 말한다. 본문에선 '굳게 마음먹다'로 의역했다.

下_아래 하/ 밑, 끝// 착수하다, 손대다.

功_공 공/ 일, 사업, 공로, 업적, 보람, 공부.

因_인할 인/ 말미암다, 따르다, 좇다.

循_돌 순/ 돌아다니다, 좇다.

인순因循: 낡은 인습을 버리지 않고 그대로 좇아 따르는 것.

警_경계할 경/ 조심하다, 주의하다, 깨우치다, 깨닫다.

季_계절 계/ 끝, 마지막, 막내.

계동季冬: 음력 12월이나 늦겨울을 뜻한다.

珥_귀고리 이/ 귀걸이.

文解

지금 사람들은 학문이 일상 쓰임에 있음을 알지 못하고, 고원하여 행하기 어렵다고 헛되이 생각한다.

그러므로 다른 사람에게 떠넘기고 스스로 포기함을 편안하게 여기니, 어찌 슬퍼하지 않을 수 있으랴!

내가 해산의 남쪽에 거처를 정하자, 학도 한두 사람이 서로 어울려 와서 배우기를 여쭈는 일이 있곤 하니, 내가 스승이 될 만한 자격이 없어 부끄러울 뿐이요, 또 처음 배우는 사람이 학문의 올바른 방향을 알지 못하고, 게다가 굳고 단단한 뜻도 없이 대강대강 더 배우기를 바란다면, 피차간 도움될 것이 없고 되려 남의 비웃음을 살까 두려웠다.

그러한 까닭으로 간략하나마 책 한 권을 써서, 뜻을 세우고, 몸가짐을 삼가며, 어버이를 섬기고, 사람을 사귀는 방법을 대충 서술하고 〈격몽요결〉이라 이름하여, 학도로 하여금 이 책을 보게 하고, 마음을 깨끗하게 하며 굳게 마음먹도록 하여 바로 그날에 공부를 시작하게 하고, 나 또한 오래도록 낡은 인습에서 벗어나지 못함을 걱정하여 이로써 스스로 경계하고 반성하고자 한다.

정축년 늦겨울에
덕수 이이가 쓰다

漢字練習

妄								

망령될 망

推								

밀 추

暴								

사나울 폭

棄								

버릴 기

余								

나 여

哉								

어조사 재

慚								

부끄러울 참

漢字練習

奇

기이할 기

泛

뜰 범

貽

끼칠 이

譏

비웃을 기

粗

거칠 조

敍

펼 서

飭

삼가할 칙

漢字練習

躬

몸 궁

洗

씻을 세

脚

다리 각

循

돌 순

警

경계할 경

季

계절 계

珥

귀고리 이

文章練習

今人은 不知學問이 在於日用하고 而妄意高遠難行이라.

故로 推與別人하고 自安暴棄하니 豈不可哀也哉아

余定居海山之陽할새 有一二學徒相從問學하니

余慙無以爲師요 而且恐初學이 不知向方하고

且無堅固之志而泛泛請益이면 則彼此無補하고

反貽人譏라.

故로 略書一冊子하여 粗敍立心飭躬奉親接物

之方하고 名曰擊蒙要訣이라 하여 欲使學徒觀此하고

洗心立脚하여 當日下功하고 而余亦久患因循하여

欲以自警省焉하노라.

丁丑 季冬에 德水 李珥는 書하노라.

立志章 第一

初學은 先須立志하되 必以聖人으로 自期하여 不可有一毫自
초학 선수입지 필이성인 자기 불가유일호자
小退託之念이니라.
소퇴탁지념

蓋衆人은 與聖人으로 其本性이 則一也니 雖氣質은
개중인 여성인 기본성 즉일야 수기질
不能無淸濁粹駁之異나 而苟能眞知實踐하여 去其舊染
불능무청탁수박지이 이구능진지실천 거기구염
하고 而復其性初면 則不增毫末하여 而萬善이 具足矣리니
이복기성초 즉부증호말 이만선 구족의
衆人이 豈可不以聖人으로 自期아. 故로 孟子가 道性善하시되
중인 기가불이성인 자기 고 맹자 도성선
而必稱堯舜以實之曰 人皆可以爲堯舜이라 하시니 豈欺我哉리오.
이필칭요순이실지왈 인개가이위요순 기기아재

當常自奮發曰 人性은 本善하여 無古今智愚之殊어늘 聖人은
당상자분발왈 인성 본선 무고금지우지수 성인
何故로 獨爲聖人이며 我則何故로 獨爲衆人耶아.
하고 독위성인 아즉하고 독위중인야

良由志不立하고 知不明하고 行不篤耳니 志之立과 知之明과
양유지불립 지불명 행불독이 지지립 지지명
行之篤이 皆在我耳니 豈可他求哉리오.
행지독 개재아이 기가타구재

顔淵曰 舜何人也며 予何人也오.
안연왈 순하인야 여하인야

有爲者亦若是라 하시니 我亦當以顔之希舜으로 爲法이니라.
유위자역약시 아역당이안지희순 위법

字解

以_써 이/ ~로써, ~를 가지고, ~로써 하다(수단, 도구, 방법)/ ~를, ~로써(목적. 대상)/ ~때문에, ~이므로, ~까닭에(이유, 원인)/ ~로서(자격. 지위. 신분)// 以는 어순의 위치가 일정하지 않고 전치사 또는 후치사로 쓰여 해석하기에 까다로운 점이 있다.

期_기약할 기/ 약속하다, 기다리다, 바라다// 때, 기간, 돌, 1주년.

毫_터럭(털) 호/ 조금// 가늘다.

퇴탁退託: 꽁무니 빼며 핑계 대는 짓.

蓋_덮을 개/ 합하다// 뚜껑, 덮개// 추측이나 짐작을 나타내는 발어사로써 '대략, 대개, 무릇, 아마도' 따위의 뜻이다.

중인衆人: 많은 사람, 여러 사람. 이 글의 문맥에선 여느 보통 사람을 뜻한다.

粹_순수할 수/ 오롯하다, 아름답다.

駁_논박할 박/ 얼룩덜룩하다, 섞이다, 순수하지 않다// 얼룩말.

苟_진실로 구/ 참으로, 다만, 만약, 바라건대// 구차하다.

染_물들 염/ 염색하다, 적시다, 물드다, 옮다, 전염되다.

矣_어조사 의// 종결사로써 그 쓰임이 也와 비슷하나 어감상 단정적, 주관적, 의지적인 느낌이 좀 더 강하다.

실지實之: 實은 동사로, 之는 앞 구절의 '性善'을 가리키는 대명사로 쓰였다. 곧 문맥적 의미로써 '실증하다, 실례(본보기)를 들다'로 해석했다.

奮_떨칠 분/ 힘쓰다, (명성을) 드날리다.

殊_다를 수/ 뛰어나다, 거의 죽다// 특히, 유달리.

耶_어조사 야// 의문, 반어의 뜻으로 쓰인다.

양유良由 : 진실로 ~을 말미암다.

篤_도타울 독/ 도탑다, 진심되다, 견실하다, 단단하다.

耳_귀 이// '~일 뿐이다, ~일 따름이다'와 같은 한정의 뜻을 갖는 어조사로 쓰인다.

顔_낯 안/ 얼굴, 면목.

淵_못 연/ 연못, 웅덩이.

안연顔淵: 공자의 제자이며 노나라 사람으로 이름은 회回, 연은淵 자字이다.

유위자有爲者: 훌륭한 행위, 곧 성인다운 행위를 하는 사람을 가리킨다.

文解

처음으로 배우는 사람은 먼저 모름지기 뜻을 세우되 반드시 성인을 목표로써 스스로 기약하여 터럭 한 올만큼이라도 자기를 하찮게 여기거나 꽁무니 빼며 핑계 대려는 생각을 가져선 안 된다.

무릇 뭇 사람은 성인과 더불어 그 본성이 똑같으니 비록 기질은 맑고 탁한, 순수하고 잡된 차이가 없을 수 없으나 바라건대 참되게 알고 실천하여 나쁘게 물든 옛 습관을 없애고 그 본성의 처음을 회복하게 된다면 털끝만큼도 보태지 않아도 온갖 선함이 다 갖춰질 것인데 뭇 사람이 어찌 성인으로써 스스로 기약하지 않겠는가? 그러므로 맹자께서 사람 본성의 착함을 말씀하시되 반드시 요임금과 순임금을 일컬어 그 본보기로 들며 사람은 모두 요순이 될 수 있다고 하시니 어찌 우리를 속이셨겠는가?

마땅히 늘 스스로 이렇게 다짐하면서 떨쳐 일어나야 한다.

'사람 본성은 본래 착하여 옛날이나 지금이나 슬기로운 사람이나 어리석은 사람이나 다르지 않거늘 성인은 무슨 까닭으로 다만 성인이 되셨으며 나는 곧 무슨 까닭으로 다만 여느 사람이 되었는가?

뜻이 서지 않고, 앎이 분명치 못하고, 행실이 돈독하지 못한 것으로 진실로 말미암을 뿐이니, 뜻을 세우는 것과 앎을 분명히 하는 것과 행실을 돈독히 하는 것이 모두 나에게 달려 있을 따름이니 어찌 다른 사람에게서 구하겠는가?

안연은 말씀하길

"순임금은 어떤 사람이며 나는 어떤 사람인가? 성인다운 행위를 하는 사람은 또한 순임금과 같다"고 하셨으니 나도 역시 마땅히 안연이 순임금을 바란 것을 본받아야 한다.'

漢字練習

以
써 이

期
기약할 기

毫
터럭 호

蓋
덮을 개

粹
순수할 수

駁
논박할 박

苟
진실로 구

漢字練習

染

물들 염

奮

떨칠 분

殊

다를 수

篤

도타울 독

顔

낯 안

淵

못 연

文章練習

初學은 先須立志하되 必以聖人으로 自期하여 不可有一毫自小退託之念이니라.

蓋衆人은 與聖人으로 其本性이 則一也니 雖氣質은 不能無淸濁粹駁之異나 而苟能眞知實踐하여 去其舊染하고 而復其性初면 則不增毫末하여 而萬善이 具足矣리니 衆人이 豈可不以聖人으로 自期아.

故로 孟子가 道性善하시되 而必稱堯舜以實之曰 人皆可以爲堯舜이라 하시니 豈欺我哉리오.

當常自奮發曰 人性은 本善하여 無古今智愚之殊어늘 聖人은 何故로 獨爲聖人이며 我則何故로 獨爲衆人耶아.

良由志不立하고 知不明하고 行不篤耳니 志之立과

知之明과 行之篤이 皆在我耳니 豈可他求哉리오.

顔淵曰 舜何人也며 予何人也오

有爲者亦若是라하시니 我亦當以顔之希舜으로 爲法이니라.

人之容貌는 不可變醜爲姸이며 膂力은 不可變弱爲强이며
인지용모 불가변추위연 여력 불가변약위강

身體는 不可變短爲長이니 此則已定之分이라 不可改也
신체 불가변단위장 차즉이정지분 불가개야

어니와 惟有心志면 則可以變愚爲智하며 變不肖爲賢이니 此
유유심지 즉가이변우위지 변불초위현 차

則心之虛靈이 不拘於稟受故也라.
즉심지허령 불구어품수고야

莫美於智하며 莫貴於賢이어늘 何苦而不爲賢智하고 以虧損天
막미어지 막귀어현 하고이불위현지 이휴손천

所賦之本性乎아.
소부지본성호

人存此志하여 堅固不退면 則庶幾乎道矣니라.
인존차지 견고불퇴 기서기호도의

凡人이 自謂立志하되 而不卽用功하고 遲回等待者는
범인 자위입지 이불즉용공 지회등대자

名爲立志나 而實無向學之誠故也라.
명위입지 이실무향학지성고야

苟使吾志로 誠在於學이면 則爲仁由己라 欲之면 則至니
구사오지 성재어학 즉위인유기 욕지 즉지

何求於人이며 何待於後哉리오.
하구어인 하대어후재

所貴乎立志者는 卽下工夫하여 猶恐不及하여 念念不退故也라.
소귀호립지자 즉하공부 유공불급 염념불퇴고야

如或志不誠篤하여 因循度日이면 則窮年沒世인들 豈有所成
여혹지불성독 인순도일 즉궁년몰세 기유소성

就哉아.
취재

字解

容_얼굴 용/ 모양, 용모, 몸가짐// 담다, 받아들이다, 용서하다.

貌_모양 모/ 얼굴, 행동거지.

醜_추할 추/ 못생기다, 밉다.

姸_고울 연/ 아름답다, 예쁘다.

膂_등골뼈 려/ 척추, (근육의) 힘// 힘쓰다, 등에 지다.

分_나눌 분/ 구별하다, 명백하다// 분수, 신분, 직분, 운명.

허령虛靈: 빈 듯, 없는 듯 하여 그 존재를 알 수 없지만 그 작용이 영험스러운 것.

拘_잡을 구/ 체포하다, 한정하다, 구애받다.

稟_여쭐 품/ 아뢰다// 천품, 바탕.

품수稟受: (재능이나 성품을) 선천적으로 타고남.

虧_이지러질 휴/ 이울다, 기울다, 해를 입다// 손해.

賦_부세(세금을 매기다) 부/ 매기다, 주다, 받다.

서기庶幾: '거의'의 뜻으로, 어느 한도에 매우 가까운 정도를 말한다.

卽_곧 즉/ 이제// 나아가다.

用_ 쓸 용/ 부리다, 일하다// 써(以와 같다).

遲_더딜 지/ 늦다, 느리다.

지회遲回: 주저하며 머뭇거림.

等_무리 등/ 등급, 계급, 따위// 같다, 견주다, 기다리다.

등대等待: 마냥 기다림.

염념念念: 한 찰나 한 찰나, 곧 매우 짧은 시간을 뜻한다. 또는 항상 마음속으로 생각함.

循_돌 순/ 빙빙 돌다, 돌아다니다, 좇다.

인순因循: 낡은 인습을 그대로 따르는 것을 말한다.

도일度日: 하는 일 없이 세월을 보냄.

沒_빠질 몰/ 가라앉다, 다하다, 끝나다, 마치다, 죽다.

궁년窮年: 일생을 다함.

몰세沒世: 세상을 떠남.

文解

사람의 얼굴 생김새는 못생긴 것을 바꿔 아름답게 만들 수 없으며, 몸의 힘은 약한 것을 바꿔 강하게 만들 수 없으며, 신체는 짧은 것을 바꿔 길게 만들 수 없으니, 이것들은 이미 정해진 운명이라 고칠 수 없거니와, 오직 마음의 의지만은 어리석은 것을 바꿔 지혜롭게 만들 수 있으며, 불초한 것을 바꿔 어질 게 만들 수 있으니, 이는 곧 마음의 그 알 수 없는 영험함은 선천적으로 타고난 바에 구애받지 않기 때문이다.

슬기로운 사람보다 아름다운 사람은 없으며 어진 사람보다 귀한 사람이 없거늘, 얼마나 고생스러워서 어질고 슬기로운 사람이 되려고 하지 않고 하늘에게서 받은 본성을 축내고 해치는가?

사람들이 이러한 마음을 지녀 굳고 단단하게 뒤로 물러나지 않는다면 거의 도에 가까워질 수 있을 것이다.

보통 사람들이 스스로 뜻을 세웠다고 말하되 공부로 나아가지 않고 머뭇 주저하며 자꾸 기다리는 것은 명분으론 입지를 삼았으나 실상은 배움을 향한 정성이 없는 까닭이다.

만약 내 뜻이 참으로 공부에 있다면, 곧 인을 행함은 자기로부터 말미암는 것이라 그것을 바라면 그렇게 될 일이니, 어찌 다른 사람에게서 구하며 어찌 뒷날을 기다리겠는가?

입지를 귀하게 여기는 것은, 바로 공부를 시작하여, 다만 불급함을 두려워하여, 한순간도 뒤로 물러서지 않게 하는 까닭이다.

만약 혹시라도 뜻이 정성스럽고 독실하지 못하여 인습을 따라 하는 일 없이 세월을 보낸다면 일생을 다하여 세상을 떠나게 된들 어찌 성취하는 바가 있겠는가?

漢字練習

容

얼굴 용

貌

모양 모

醜

추할 추

姸

고울 연

膂

등골뼈 려

拘

잡을 구

稟

여쭐 품

漢字練習

虧

이지러질 휴

賦

부세 부

卽

곧 즉

遲

더딜 지

等

무리 등

循

돌 순

沒

빠질 몰

文章練習

人之容貌는 不可變醜爲姸이며 膂力은 不可變弱

爲强이며 身體는 不可變短爲長이니 此則已定之分이라

不可改也어니와 惟有心志면 則可以變愚爲智하며

變不肖爲賢이니 此則心之虛靈이 不拘於稟受故也라.

莫美於智하며 莫貴於賢이어늘 何苦而不爲賢智하고

以虧損天所賦之本性乎아.

人存此志하여 堅固不退면 則庶幾乎道矣니라.

凡人이 自謂立志하되 而不卽用功하고 遲回等待者는

名爲立志나 而實無向學之誠故也라.

苟使吾志로 誠在於學이면 則爲仁由己라 欲之면

則至니 何求於人이며 何待於後哉리오.

所貴乎立志者는 卽下工夫하여 猶恐不及하여 念念

不退故也라

如或志不誠篤하여 因循度日이면 則窮年沒世인들

豈有所成就哉아.

革舊習章 第二

人雖有志於學이나 而不能勇往直前하여 以有所成就者는
인수유지어학 이불능용왕직전 이유소성취자

舊習이 有以沮敗之也라.
구습 유이저패지야

舊習之目을 條列如左하노니 若非勵志痛絶이면 則終無爲學
구습지목 조열여좌 약비려지통절 즉종무위학

之地矣리라.
지지의

其一은 惰其心志하고 放其儀形하여 只思暇逸하여 深厭拘束
기일 타기심지 방기의형 지사가일 심염구속

이라.

其二는 常思動作하여 不能守靜하고 紛紜出入하여 打話度日
기이 상사동작 불능수정 분운출입 타화도일

이라.

其三은 喜同惡異하여 汨於流俗하고 稍欲修飭이나 恐乖於衆
기삼 희동오이 골어류속 초욕수칙 공괴어중

이라.

其四는 好以文辭로 取譽於時하여 剽竊經傳하여 以飾浮藻라.
기사 호이문사 취예어시 표절경전 이식부조

其五는 工於筆札하고 業於琴酒하여 優游卒歲하여 自謂清致라.
기오 공어필찰 업어금주 우유졸세 자위청치

字解

革_가죽 혁// 고치다.

구습舊習: 아주 오래전부터 내려오는 낡은 풍습.

용왕직전勇往直前: 힘차고 씩씩하게 거침없이 나아가다.

沮_막을 저/ 저지하다, 가로막다, 방해하다, 두려워하다.

條_가지 조/ 나뭇가지, 맥락, 조목.

勵_힘쓸 려/ 권장하다.

여지勵志: 마음을 가다듬어 뜻을 굳건하게 하다.

地_땅 지/ 곳, 장소, 바탕, 지위, 노정// 본문에선 노정, 곧 목적지에 이르기까지 그 과정으로 풀이했다.

惰_게으를 타// 게으름.

의형儀形: 행동하는 몸가짐이나 차린 모습.

暇_ 틈 가/ 겨를, 여유// 한가하다, 한가히 놀다.

逸_편안할 일/ 즐기다, 숨다, 없어지다, 달아나다.

厭_싫어할 염/ 물리다.

紛_어지러울 분/ 번잡하다, 엉클어지다.

紜_어지러울 운.

打_칠 타/ 때리다// 접두어로 쓰여 어떠한 동작을 행하고 있음을 나타낸다. 본문에서 타와打話는 말하는 상태, 곧 의역하면 말을 앞세우거나 입을 놀리는 모습을 뜻한다.

汨_골몰할 골// 가라앉다, 잠기다.

稍_점점 초/ 차츰, 점차, 약간, 문득, 갑자기, 바야흐로.

飭_신칙(단단히 타일러서 경계하다)할 칙/ 훈계하다, 책망하다, 삼가다, 바로잡다. 정리하다.

수칙修飭: 몸과 마음을 닦고 언행을 삼가는 것.

乖_어그러질 괴/ 어긋나다, 거스르다, 비뚤어지다.

剽_겁박할 표/ 위협하다, 도둑질하다, 훔치다.

竊_훔칠 절/ 도둑질하다// 도둑, 도둑질// 남몰래, 슬그머니, 살짝.

藻_마름(풀 이름) 조.

부조浮藻: 원뜻은 '물에 떠 있는 마름'이지만 본문에서는 비유로써 쓰였다. 겉보기엔 그럴싸해도 정작 헛되고 덧없는 글로 유추할 수 있다.

工_장인 공/ 솜씨, 기교, 일// 잘하다, 뛰어나다, 만들다// 본문에선 功의 통용자로 보아 '공들이다'로 해석하였다.

札_편지 찰/ 뽑다.

필찰筆札: 붓과 종이를 아울러 가리키는 말로 글씨의 모양이나 글을 짓는 솜씨, 또는 서법을 뜻한다.

優_넉넉할 우/ 뛰어나다.

游_헤엄칠 유/ 놀다.

우유優游: 하는 일 없이 한가롭게 지내는 것.

졸세卒歲: 한 해를 마침.

文解

사람이 비록 배움에 뜻을 두었으나, 힘차고 씩씩하게 거침없이 나아가서 성취하는 바가 있지 못하는 까닭은, 오래 밴 습관이 그것을 가로막아 실패하게 하기 때문이다.

구습의 요점을 다음과 같이 조목조목이 열거하였으니, 만약 뜻을 굳건히 하고 힘을 다하여 끊어내지 않는다면, 마침내 학문을 하는 그 목적으로 하는 곳에 이르지 못할 것이다.

첫째는, 제 마음에 품은 의지를 나태하게 하고, 몸가짐을 제멋대로 하여, 다만 한가로이 즐길 것만을 생각하여 구속받는 일을 매우 싫어하는 것이다.

둘째는, 늘 몸 움직일 일만 생각하여 차분히 있지 못하고 뻔질나게 들락거려 입만 놀리며 하릴없이 세월을 보내는 것이다.

셋째는, (생각, 의견, 취미, 기호 따위) 같은 것을 좋아하고 다른 것을 싫어하여 유행풍에 골몰하고, 문득 몸과 마음을 닦으며 언행을 조심하고자 하나 무리에게서 어긋날까 두려워하는 것이다.

넷째는, 글로써 당대에 칭찬 받기를 좋아하여, 경전을 표절하여 그럴싸하게 겉보기를 꾸미는 것이다.

다섯째는, 서법에 공들이고 거문고 타며 술 마시기를 일삼아 하여 한가로이 지내며 한 해를 마치며 스스로 청렴한 취미라고 생각하는 것이다.

漢字練習

革

가죽 혁

沮

막을 저

條

가지 조

勵

힘쓸 려

惰

게으를 타

暇

틈 가

逸

편안할 일

漢字練習

厭

싫어할 염

紛

어지러울 분

紜

어지러울 운

打

칠 타

汨

골몰할 골

稍

점점 초

飭

신칙할 칙

漢字練習

乖

어그러질 괴

剽

겁박할 표

竊

훔칠 절

藻

마름(풀 이름) 조

札

편지 찰

優

넉넉할 우

游

헤엄칠 유

文章練習

人雖有志於學이나 而不能勇往直前하여 以有所

成就者는 舊習이 有以沮敗之也라.

舊習之目을 條列如左하노니 若非勵志痛絶이면 則終

無爲學之地矣리라.

其一은 惰其心志하고 放其儀形하여 只思暇逸하여

深厭拘束이라.

其二는 常思動作하여 不能守靜하고 紛紜出入하여

打話度日이라

其三은 喜同惡異하여 汨於流俗하고 稍欲修飭이나

恐乖於衆이라

其四는 好以文辭로 取譽於時하여 剽竊經傳하여

以飾浮藻라.

其五는 工於筆札하고 業於琴酒하여 優游卒歲하여

自謂淸致라.

其六은 好聚閒人하여 圍棋局戱하고 飽食終日하여 只資爭競
기육 호취한인 위기국희 포식종일 지자쟁경

이라.

其七은 歆羨富貴하고 厭薄貧賤하여 惡衣惡食을 深以爲恥라.
기칠 흠선부귀 염박빈천 악의악식 심이위치

其八은 嗜慾無節하여 不能斷制하여 貨利聲色을 其味如蔗
기팔 기욕무절 불능단제 화리성색 기미여자

니라.

習之害心者大槪如斯하니 其餘는 難以悉擧라.
습지해심자대개여차 기여 난이실거

此習이 使人으로 志不堅固하고 行不篤實하여 今日所爲를
차습 사인 지불견고 행불독실 금일소위

明日難改하며 朝悔其行이라가 暮已復然하나니 必須大奮勇猛之志
명일난개 조회기행 모이부연 필수대분용맹지지

하여 如將一刀로 快斷根株하고 淨洗心地하여 無毫髮餘脈하며
여장일도 쾌단근주 정세심지 무호발여맥

而時時每加猛省之功하여 使此心으로 無一點舊染之汚然後에
이시시매가맹성지공 사차심 무일점구염지오연후

可以論進學之工夫矣니라.
가이론진학지공부의

字解

聚_모을 취/ 모이다, 쌓다, 함께 하다.

한인閒人: 하는 일 없이 한가한 사람.

圍_에워쌀 위/ 둘러 싸다, 두르다, 포위하다// 둘레.

棋_바둑 기// 바둑을 두다.

위기圍棋: 바둑 또는 바둑 두는 일을 가리킨다.

局_판(바둑, 장기) 국/ 관청, 당면한 사태, 재간, 재능.

戲_놀이 희// 희롱하다, 놀다, 겨루다.

국희局戲; 장기, 바둑, 주사위 놀이 등 판을 차리고 마주 앉아서 하는 놀이를 이른다.

資_재물 자/ 자본, 바탕, 도움// 돕다, 의지하다, 주다, 취取하다.

쟁경爭競: 남과 승패를 다투거나 우열을 겨루는 일로 본문에서는 문맥적 의미를 살려 '내기'로 풀이하였다.

歆_흠향할 흠/ 부러워하다, 탐하다.

羨_부러워할 선/ 탐내다.

薄_엷을 박/ 얇다, 야박하다, 깔보다, 업신여기다.

이위以爲: ~를 ~으로 여기다(생각하다).

嗜_즐길 기/ 좋아하다, 탐하다.

慾_욕심 욕/ 탐내다.

기욕嗜慾: 좋아하고 즐기려는 욕심.

蔗_사탕수수 자// 맛이 좋다, 감미롭다.

槪_대개 개/ 대부분, 대강, 대략, 절조, 절개.

悉_다 실/ 모두.

將_장수 장/ 장차// 거느리다, 나아가다, 가지다, 취하다// '~을 가지고'의 以와 같은 용법으로 쓰였다.

株_그루 주/ 그루터기, 근본, 뿌리, 주식.

여맥餘脈: 원뜻은 '남아 있는 맥박'이나 본문에선 그 기운이나 힘이 차츰 줄어 겨우 허울만 남아 있는 것을 비유한다. 본문에서는 문맥적 의미를 살려 찌꺼기로 풀이했다.

文解

여섯째는, 하는 일 없이 한가한 사람과 함께 하여 장기, 바둑 따위 놀음놀이를 좋아하고 온종일 배불리 먹기만 하여 다만 남과 내기를 일삼는 것이다.

일곱째는, 부귀를 탐내며 부러워하고 빈천을 싫어하고 꺼려 볼품없는 옷과 변변찮은 음식을 몹시 부끄러이 여기는 것이다.

여덟째는, 좋아하고 즐기려는 욕심에 절도가 없어 끊고 억제하지 못하여 돈과 이익과 음악과 여색을 그 맛이 단 사탕수수처럼 여기는 것이다.

마음을 해롭게 하는 습관은 대개 이러하니, 그 나머지는 모두 들기 어렵다.

이러한 습관이 사람으로 하여금 뜻을 견고하지 못하게 하고 행실을 독실하지 못하게 하여, 오늘 한 짓을 내일 고치기 어렵게 하며, 아침에 그 행위를 뉘우쳤다가 저녁에 이미 다시 그렇게 하나니, 반드시 용맹한 의지를 크게 떨쳐 단칼에 나무 밑동을 시원스레 잘라내듯 하고, 마음 본바탕을 깨끗이 씻겨 가느다란 털 한 오라기만큼도 그 찌꺼기가 없어야 하며, 틈날 때마다 아주 깊이 반성하는 노력을 더하여 이 마음으로 하여금 구습에 물든 더러움이 한 점이라도 없게 한 뒤에야 학문의 길로 나아가는 공부를 논할 수 있다.

漢字練習

聚								

모을 취

圍								

에워쌀 위

棋								

바둑 기

戱								

놀이 희

歆								

흠향할 흠

羨								

부러워할 선

薄								

엷을 박

漢字練習

嗜

즐길 기

慾

욕심 욕

蔗

사탕수수 자

槪

대개 개

悉

다 실

將

장수 장

株

그루 주

文章練習

其六은 好聚閒人하여 圍棋局戲하고 飽食終日하여

只資爭競이라.

其七은 歆羨富貴하고 厭薄貧賤하여 惡衣惡食을

深以爲恥라.

其八은 嗜慾無節하여 不能斷制하여 貨利聲色을

其味如蔗니라.

習之害心者大槪如斯하니 其餘는 難以悉擧라.

此習이 使人으로 志不堅固하고 行不篤實하여 今日

所爲를 明日難改하며 朝悔其行이라가 暮已復然하나니

必須大奮勇猛之志하여 如將一刀로 快斷根株하고

淨洗心地하여 無毫髮餘脈하며 而時時每加猛省之功하여 使此心으로 無一點舊染之汚然後에 可以論進學之工夫矣니라.

持身章 第三

學者는 必誠心向道하고 不以世俗雜事로 亂其志然後에
학자 필성심향도 불이세속잡사 난기지연후
爲學有基址라.
위학유기지

故로 夫子曰 主忠信이라 하시니 朱子釋之曰 人不忠信이면
고 부자왈 주충신 주자석지왈 인불충신
事皆無實하여 爲惡則易하고 爲善則難이라.
사개무실 위악즉이 위선즉난

故로 必以是爲主焉이라 하시니 必以忠信爲主하여 而勇
고 필이시위주언 필이충신위주 이용
下工夫然後에 能有所成就니 黃勉齋所謂眞實心地하고 刻苦
하공부연후 능유소성취 황면재소위진실심지 각고
工夫兩言이 盡之矣로다.
공부양언 진지의

常須夙興夜寐하고 衣冠必正하여 容色必肅하고 拱手危坐
상수숙흥야매 의관필정 용색필숙 공수위좌
하며 行步安詳하고 言語愼重하여 一動一靜을 不可輕忽
행보안상 언어신중 일동일정 불가경홀
苟且放過니라.
구차방과

字解

址_터 지/ 기슭, 주춧돌.

기지基址: 원뜻은 건축물의 기초인데, 본문에서는 어떤 일을 해내기 위한 그 바탕이나 근본을 비유한다.

부자夫子: 공자를 높여 이르는 말.

主_임금 주/ 주인, 주체, 우두머리// 주관하다, 주되다, 주장하다// 본문에서는 주되다, 곧 '기본(으뜸)이 되다'로 풀어 해석했다.

주자朱子: 주희朱熹로도 불린다. 성리학을 집대성하여 방대한 사상체계를 세웠기 때문에 그의 학문을 주자학으로 부른다.

釋_풀 석/ 설명하다// 풀이, 해석.

勉_힘쓸 면/ 권하다, 격려하다.

齋_재계할 재/ 몸과 마음을 깨끗이 하며 행동을 삼가다.

황면재黃勉齋: 황간黃幹. 면재勉齋는 황간의 호. 송대의 성리학자로서, 주희의 가장 중요한 제자 중 한 명이자 사위였다. 《주자행장朱子行狀》을 편찬했다.

각고刻苦: 온갖 고생을 견뎌 내며 몸과 마음을 다하여 무척 애를 쓰는 것.

夙_이를 숙/ 빠르다, 앞서다// 새벽, 이른 아침// 일찍.

寐_잘 매/ 잠을 자다.

拱_팔짱 낄 공/ (두 손을) 마주 잡다, 껴안다.

공수拱手: 공경의 예를 표하기 위해 두 손을 앞으로 모아 포개어 잡는 행위나 그런 자세를 가리킨다.

危_위태할 위/ 두려워하다, 엄하다, 엄정하다, 바르다.

위좌危坐: 몸을 바르게 하고 앉는 것.

詳_자세할 상/ 상서롭다// 祥과 통용.

愼_삼갈 신/ 조심하다, 근신하다.

忽_갑자기 홀/ 문득, 느닷없이// 마음에 두지 않다, 소홀히 하다, 경시하다.

경홀輕忽: 말이나 행동이 조심성 없이 가볍고 탐탁치 않은 것.

구차苟且: 말과 행동이 떳떳하지 못하고 좀스러운 것.

文解

배우는 사람은 반드시 정성스러운 마음으로 학문의 길에 들어서야 하고, 세속의 여러 자질구레한 일 때문에 자기의 뜻을 어지럽히지 않게 되고 나서야 학문을 하는 일에 밑바탕이 있게 된다.

그러므로 공자께서 말씀하시길 충과 신을 기본으로 삼으라고 하셨다. 주자께서 이를 해석하여 이르시길 사람이 정성스럽고 미덥지 못하면 일하는 것이 모두 실속 없어 나쁜 일 저지르기는 쉽고 좋은 일 하기는 어렵게 되니 따라서 반드시 이것을 으뜸으로 삼아야 한다고 하셨다. 반드시 충과 신으로 으뜸을 삼고 용감히 공부를 시작한 뒤에 성취하는 바가 있을 수 있으니, 면재 황간의 이른바 마음의 본바탕을 진실하게 하고 공부에 힘껏 애쓰라는 두 가지 말은 그것을 남김없이 다 보여주는 것이다.

늘 마땅히 아침 일찍 일어나고 밤늦게 잠자리에 들도록 하고, 옷차림을 반드시 바르게 하여 얼굴빛을 반드시 엄숙하게 하고, 공손히 두 손을 모아 포개어 잡고 반듯한 자세로 앉으며, 걸음걸이는 편안하고 상서로워야 하고 말본새는 신중하게 하여 몸을 움직일 때나 가만히 있을 때나 행동 하나하나를 가벼이 보며 소홀하고 구차하게 여겨 그냥 지나쳐선 안 된다.

漢字練習

址

터 지

釋

풀 석

勉

힘쓸 면

齋

재계할 재

夙

이를 숙

寐

잘 매

拱

팔짱 낄 공

漢字練習

危

위태할 위

詳

자세할 상

愼

삼갈 신

忽

갑자기 홀

文章練習

學者는 必誠心向道하고 不以世俗雜事로 亂其志

然後에 爲學有基址라.

故로 夫子曰 主忠信이라하시니 朱子釋之曰 人不忠信이면

事皆無實하여 爲惡則易하고 爲善則難이라.

故로 必以是爲主焉이라 하시니 必以忠信爲主하여

而勇下工夫然後에 能有所成就니 黃勉齋所謂

眞實心地하고 刻苦工夫兩言이 盡之矣로다.

常須夙興夜寐하고 衣冠必正하여 容色必肅하고

拱手危坐하며 行步安詳하고 言語愼重하여 一動

一靜을 不可輕忽苟且放過니라.

收斂身心은 莫切於九容이요 進學益智는 莫切於九思하니
수렴심신　막절어구용　진학익지　막절어구사

所謂九容者는 足容重하며,
소위구용자　족용중

[不輕擧也라. 若趨于尊長之前이면 則不可拘此라.]
불경거야　약추우존장지전　즉불가구차

手容恭하며,
수용공

[手無慢弛라. 無事면 則當端拱하고 不妄動이라.]
수무만이　무사　즉당단공　불망동

目容端하며,
목용단

[定其眼睫하여 視瞻當正하고 不可流眄邪睇라.]
정기안첩　시첨당정　불가류면사제

口容止하며,
구용지

[非言語飮食之時면 則口常不動이라.]
비언어음식지시　즉구상부동

聲容靜하며,
성용정

[當整攝形氣하고 不可出噦咳等雜聲이라.]
당정섭형기　불가출얼해등잡성

頭容直하며,
두용직

[當正頭直身하며 不可傾回偏倚라.]
당정두직신　불가경회편의

氣容肅하며,
기용숙

[當調和鼻息하고 不可使有聲氣라.]
당조화비식　불가사유성기

立容德하며,
입 용 덕

[中立不倚하여 儼然有德之氣像이라.]
중 립 불 의 엄 연 유 덕 지 기 상

色容莊이니라.
색 용 장

[顔色整齊하며 無怠慢之氣라.]
안 색 정 제 무 태 만 지 기

字解

斂_거둘 렴/ 모으다, 저장하다.

수렴收斂: 행실이 좋지 못한 사람이 몸과 마음을 가다듬고 단속함.

切_끊을 절/ 베다, 자르다, 절박하다, 적절하다, 정성스럽다.

_온통 체/ 모두.

於_어조사 어/ ~에(서), ~로, ~에게, ~과(와), ~보다(비교).

_탄식할 오/ 아아(감탄사).

趨_달아날 추/ 달리다, 빨리 걷다, 종종걸음치다.

존장尊長: 일가친척이 아닌 사람으로서 자기보다 나이 많은 사람을 높여 부르는 말.

拘_잡을 구/ 체포하다, 단속하다, 한정하다, 구애(속박)받다.

慢_거만할 만/ 오만하다, 게으르다. 업신여기다, 느슨하다.

弛_늦출 이/ 느슨하다, 풀리다.

睫_속눈썹 첩/ 안목眼目.

瞻_볼 첨/ 바라보다, 쳐다보다, 살피다.

眄_곁눈질할 면/ 흘기다.

유면流眄: 흘겨보거나 곁눈질하는 짓.

睇_흘깃 볼 제/ 훔쳐보다, 한눈팔다.

整_가지런할 정/ 정돈하다, 정리하다.

攝_다스릴 섭/ 거느리다, 당기다.

형기形氣: 겉으로 드러나는 모양이나 기운. 본문에서 문맥적 의미는 목소리의

음색과 높낮이 따위를 가리킨다.

嚥_새소리 얼/ 딸꾹질// 새가 울다, 딸꾹질하다.

咳_어린아이 웃을 해/ 기침을 하다// 기침.

傾_기울 경/ 기울어지다. 비스듬하다, 바르지 않다.

倚_의지할 의/ 기대다, 치우치다, 기울다.

편의偏倚: 한쪽으로 쏠리고 치우친 것. 본문에선 '삐딱하게'로 풀이했다.

儼_의젓할 엄/ 점잖다, 근엄하다.

莊_씩씩할 장/ 장중하다.

怠_게으를 태/ 거만하다, 깔보다.

文解

몸과 마음을 가다듬고 단속하는 일은 구용보다 적절한 방법은 없고, 배움의 길로 나아가고 지혜를 더해가는 일은 구사보다 알맞은 방법은 없으니 이른바 구용이란.

발의 모습은 무거우며,

[가볍게 움직이지 않는다. 만약 어르신 앞으로 빨리 걸어갈 경우면 이에 구애받지 않아도 된다.]

손의 모습은 공손하며,

[손은 축 늘어트리지 말아야 한다. 아무 일도 없으면 마땅히 단정하게 거두고 까불어대지 않는다.]

눈 모양은 단정하며,

[눈동자를 한곳에 고정하여 바라보는 눈길을 마땅히 바르게 하고 곁눈질하거나 샷되게 한눈팔아선 안 된다.]

입 모양은 가만있으며,

[말을 하거나 음식을 먹을 때가 아니면 입은 항상 움직이지 않는다.]

소리 내는 모습은 조용하며,

[마땅히 목소리는 차분히 가다듬고 딸꾹질이나 기침 따위 잡소리를 내선 안 된다.]

머리의 모습은 곧으며,

[마땅히 머리를 바로 하고 몸을 곧게 하며 고개를 삐딱하게 기울거나 돌려선 안 된다.

숨쉬는 모양은 엄숙하며,

[마땅히 콧숨은 고르게 하고 숨소리가 나게 해선 안 된다.]

서 있는 모습은 덕스러우며,

[똑바로 서서 기대지 않아 의젓하고 점잖게 덕스러운 기상이 있어야

한다.]

얼굴 모습은 씩씩해야 한다.

[얼굴빛을 말쑥하게 하며 게으른 기색이 없어야 한다.]

漢字練習

斂

거둘 렴

切

끊을 절

於

어조사 어

趨

달아날 추

慢

거만할 만

弛

늦출 이

睫

속눈썹 첩

漢字練習

瞻								

볼 첨

眄								

곁눈질할 면

睇								

흘깃 볼 제

整								

가지런할 정

攝								

다스릴 섭

噦								

새소리 얼

咳								

어린아이 웃을 해

漢字練習

傾
기울 경

倚
의지할 의

儼
의젓할 엄

齋
재계할 재

莊
씩씩할 장

怠
게으를 태

文章練習

收斂身心은 莫切於九容이요 進學益智는 莫切於

九思하니 所謂九容者는 足容重하며

[不輕擧也라. 若趨于尊長之前이면 則不可拘此라.]

手容恭하며,

[手無慢弛라. 無事면 則當端拱하고 不妄動이라.]

目容端하며,

[定其眼睫하여 視瞻當正하고 不可流眄邪睇라.]

口容止하며,

[非言語飮食之時면 則口常不動이라.]

聲容靜하며,

[當整攝形氣하고 不可出噦咳等雜聲이라.]

頭容直하며,

[當正頭直身하며 不可傾回偏倚라.]

氣容肅하며,

[當調和鼻息하고 不可使有聲氣라.]

立容德하며,

[中立不倚하여 儼然有德之氣像이라.]

色容莊이니라.

所謂九思者는 視思明하며,
소 위 구 사 자   시 사 명

[視無所蔽면 則明無不見이라.]
시 무 소 폐   즉 명 무 불 견

聽思聰하며,
청 사 총

[聽無所壅이면 則聰無不聞이라.]
청 무 소 옹   즉 총 무 불 문

色思溫하며,
색 사 온

[容色和舒하고 無忿厲之氣라.]
용 색 화 서   무 분 려 지 기

貌思恭하며,
모 사 공

[一身儀形에 無不端莊이라.]
일 신 의 형   무 불 단 장

言思忠하며,
언 사 충

[一言之發이라도 無不忠信이라.]
일 언 지 발   무 불 충 신

事思敬하며,
사 사 경

[一事之作이라도 無不敬愼이라.]
일 사 지 작   무 불 경 신

疑思問하며,
의 사 문

[有疑于心이면 必就先覺審問하고 不知不措라.]
유 의 우 심   필 취 선 각 심 문   부 지 부 조

忿思難하며,
분 사 난

[有忿必懲하고 以理自勝이라.]
유분필징　이리자승

見得思義니라.
견득사의

[臨財엔 必明義利之辨하여 合義然後에 取之라.]
임재　필명의리지변　합의연후　취지

常以九容九思로 存於心而檢其身하여 不可頃刻放捨요
상이구용구사　존어심이검기신　불가경각방사

且書諸座隅하고 時時寓目이니라.
차서저좌우　시시우목

字解

所_바 소/ 곳, 것, 경우// 所 뒤에 오는 동사는 '~이 되다', '~을 당하다', 곧 문맥상 피동의 뜻을 갖는다.

蔽_덮을 폐/ 가리다.

聽_들을 청/ 받아들이다, 살피다, 밝히다, 판결하다// 마을, 관청.

聰_귀 밝을 총/ 똑똑하다, 총명하다.

壅_막을 옹/ 막히다.

溫_따뜻할 온/따뜻하다, 데우다, 익히다, 학습하다.

舒_펼 서/ 펴지다, 나타내다, 드러내다.

忿_성낼 분/ 화내다, 원망하다/ 분, 분한 마음.

厲_갈 려/ 문지르다, 힘쓰다, 괴롭다, 사납다.

貌_모양 모/ 얼굴, 행동거지.

審_살필 심/ 조사하다. 고찰하다// 자세히.

措_둘 조/ 놓다, 처리하다, 조처하다.

懲_징계할 징/ 벌주다, 혼나다, (잘못을) 뉘우치다// 본문에서는 '징계'를 사전적 의미로 풀이하여 '다잡다, 잡도리하다'로 의역했다. 이는 문맥적 의미를 살리고 강조하기 위한, 역자 나름의 숙고에 따른 것임을 군말로 덧붙인다.

자승自勝: 직역하면 극기克己, 곧 자기와 싸워 이긴다는 뜻이다. 본문에선 문맥을 살려 사사로운 마음을 억누른다로 풀이했다. 이에 따라서 理도 공리公理로 해석하였다.

臨_임할 임/ 직면하다, 대하다.

辨_분별할 변/ 나누다, 구분하다.

檢_검사할 검/ 조사하다, 단속하다.

頃_잠깐 경/ 잠시.

刻_새길 각/ 깎다, 벗기다, 조각하다// 때, 시간, 시각.

경각頃刻: 눈 깜짝할 사이, 곧 아주 짧은 시간을 말한다.

捨_버릴 사/ 내버려 두다, 포기하다.

諸_모두 제/ 모든, 여러/ 이, 저(대명사).

_어조사 저/ ~에, ~에서// 본문에선 之於의 줄임말로 쓰였다. 여기서 之는 앞의 九容과 九思를 받는 대명사다.

隅_모퉁이 우/ 구석.

寓_부칠 우/ 보내다, 맡기다, 붙어 살다(남에게 의지하여 살다).

우목寓目: 주목하거나 눈여겨보는 것.

文解

이른바 구사란, 볼 때는 또렷이 볼 것을 생각하며,

[볼 때 눈에 가려진 것이 없으면 밝은 시력은 보지 못하는 것이 없다.]

들을 때는 똑똑히 들을 것을 생각하며,

[들을 때 귀에 막히는 것이 없으면 귀 밝은 청력은 듣지 못하는 것이 없다.]

얼굴빛은 온화할 것을 생각하며,

[얼굴빛은 온화하게 나타내고 성내거나 사나운 기색이 없어야 한다.]

용모는 공손할 것을 생각하며,

[자기 몸가짐에 단정하고 씩씩하지 않아선 안 된다.]

말할 때는 정성스러울 것을 생각하며,

[말 한 마디 하더라도 정성스럽고 미덥지 않아선 안 된다.]

일할 때는 진실하게 일할 것을 생각하며,

[일을 한 가지 하더라도 진실하고 조심스럽지 않아선 안 된다.]

의심 날 때는 질문할 것을 생각하며,

[마음속에 의심 나는 것이 있으면 반드시 먼저 깨친 사람에게로 가서 자세히 물어보고 알지 못한 채 놓아두어선 안 된다.]

화가 날 때는 곤란스러워질 것을 생각하며,

[분한 마음이 있으면 반드시 다잡고 공리로써 사사로운 마음을 억눌러야 한다.]

이득을 보면 의로움을 생각하는 것이다.

[재물을 대할 때는 반드시 의義와 이利의 구분을 명확히 하여 의로움과 들어맞은 뒤에 취한다.]

항상 구용과 구사를 마음속에 지니고 제 몸을 잡도리하여 아주 잠깐이라도 내버려둬선 안 될 것이요, 또 앉는 자리 구석에 써 놓고 때때로

눈여겨보아야 한다.]

漢字練習

蔽

덮을 폐

聽

들을 청

聰

귀 밝을 총

壅

막을 옹

溫

따뜻할 온

舒

펼 서

忿

성낼 분

漢字練習

厲								

갈 려

貌								

모양 모

審								

살필 심

措								

둘 조

徽								

징계할 징

臨								

임할 임

辨								

분별할 변

漢字練習

檢								

검사할 검

頃								

잠깐 경

刻								

새길 각

捨								

버릴 사

諸								

모두 제

隅								

모퉁이 우

寓								

부칠 우

文章練習

所謂九思者는 視思明하며,

[視無所蔽면 則明無不見이라.]

聽思聰하며,

[聽無所壅이면 則聰無不聞이라.]

色思溫하며,

[容色和舒하고 無忿厲之氣라.]

貌思恭하며,

[一身儀形에 無不端莊이라.]

言思忠하며,

[一言之發이라도 無不忠信이라.]

事思敬하며.

[一事之作이라도 無不敬愼이라.]

疑思問하며.

[有疑于心이면 必就先覺審問하고 不知不措라.]

忿思難하며,

[有忿必懲하고 以理自勝이라.]

見得思義니라.

[臨財엔 必明義利之辨하여 合義然後에 取之라.]

常以九容九思로 存於心而檢其身하여 不可頃刻

放捨요 且書諸座隅하고 時時寓目이니라.

非禮勿視하며 非禮勿聽하며 非禮勿言하며 非禮勿動
비례물시 비례물청 비례물언 비례물동
이니 四者는 修身之要也라. 禮與非禮를 初學이 難辨이니
사자 수신지요야 예여비례 초학 난변
必須窮理而明之하여 但於已知處에 力行之면 則思過半矣리라.
필수궁리이명지 단어이지처 역행지 즉사과반의

爲學이 在於日用行事之間이니 若於平居에 居處恭
위학 재어일용행사지간 약어평거 거처공
하며 執事敬하며 與人忠이면 則是名爲學이니 讀書者는
집사경 여인충 즉시명위학 독서자
欲明此理而已니라.
용명차리이이

衣服은 不可華侈며 禦寒而已요 飮食은 不可甘美며
의복 불가화치 어한이이 음식 불가감미
救飢而已요 居處는 不可安泰며 不病而已니 惟是學問之功
구기이이 거처 불가안태 불병이이 유시학문지공
과 心術之正과 威儀之則은 則日勉勉하여 而不可自足也니라.
심술지정 위의지칙 즉일면면 이불가자족야

克己工夫는 最切於日用하니 所謂己者는 吾心所好
극기공부 최절어일용 소위기자 오심소호
不合天理之謂也라.
불합천리지위야

必須檢察吾心이 好色乎아 好利乎아 好名譽乎아 好仕宦乎
피수검찰오심 호색호 호리호 호명예호 호사환호
아 好安逸乎아 好宴樂乎아 好珍玩乎아 하여 凡百所好
호안일호 호연락호 호진완호 범백소호
若不合理어든 則一切痛斷하여 不留苗脈然後에야 吾心所好이
약불합리 즉일체통단 불류묘맥연후 오심소호
始在於義理하여 而無己可克矣리라.
시재어의리 이무기가극의

多言多慮는 最害心術이요 無事면 則當靜坐存心하고 接人엔
다언다려 최해심술 무사 즉당정좌존심 접인

則當擇言簡重하여 時然後言이면 則言不得不簡이니 言簡者
즉당택언간중 시연후언 즉언부득불간 언간자

近道니라.
근도

非先王之法服이어든 不敢服하고 非先王之法言이어든 不敢道
비선왕지법복 불감복 비선왕지법언 불감도

하며 非先王之德行이어든 不敢行이니 此當終身服膺者也니라.
비선왕지덕행 불감행 차당종신복응자야

字解

궁리窮理: 마음속으로 이리저리 따져 곰곰이 생각하는 것.

일용행사日用行事: 날마다 일상적으로 하는 일, 곧 일상생활을 뜻한다.

평거平居: 평상시, 곧 특별한 일이 없는 보통 때를 말한다.

執_잡을 집/ 가지다, 처리하다, 맡아 다스리다.

華_빛날 화/ 화려하다, 호화롭다.

侈_사치할 사// 호사, 사치.

禦_막을 어/ 방어하다, 금하다.

救_구원할 구/ 건지다, 돕다// 도움, 구원.

飢_주릴 기/ 굶주리다, 굶기다.

심술心術: 문맥에 따라 '마음씀씀이'나 '마음공부'로 풀이했다.

譽_기릴 예/ 칭찬하다// 칭찬, 명예.

宦_벼슬 환// 벼슬살이 하다.

宴_잔치 연/ 술자리// 잔치하다, 즐기다, 편안하다.

珍_보배 진/ 보물, 맛있는 음식// 진귀하다, 소중하다.

玩_희롱할 완/ 장난하다, 놀다, 익히다, 감상하다// 장난감, 노리개.

진완珍玩: 진귀한 노리개.

慮_생각할 려/ 헤아려 보다, 걱정하다// 생각, 걱정.

簡_대쪽 간/ 편지, 문서// 간략하다.

선왕先王: 옛날의 성왕聖王.

법복法服: 법도에 맞는 의복.

법언法言: 법도가 될 만한 말.

膺_가슴 응/ 마음, 심중// 받다, 맡다.

文解

예가 아니면 보지 말며, 예가 아니면 듣지 말며, 예가 아니면 말하지 말며, 예가 아니면 움직이지 말 것이니, 이 네 가지는 자기 수양의 요체다.

예와 예가 아닌 것을 처음 배우는 사람이 분별하기 어려우니 반드시 마음속으로 곰곰이 생각하고 명백하게 하여, 다만 이미 알고 있는 경우에 힘써 행한다면 그 생각하는 일의 절반은 넘어선 것이리라.

학문을 하는 것은 일상생활을 해나가는 동안에 있으니, 만약 평상시에 공손하게 지내며, 일을 맡아 처리할 때 진실하게 하며, 다른 사람과 같이할 때 정성스럽다면, 이를 일러 학문을 한다고 할 것이니, 책을 읽는 것은 이 이치를 밝히려고 할 따름이다.

의복은 화려하고 사치스러워선 안 되며 추위를 막으면 될 뿐이요, 음식은 달고 맛 좋아선 안 되며 배고픔을 면하면 될 뿐이요, 사는 곳은 지나치게 편안해선 안 되며 괴롭지 않으면 될 뿐이니, 오직 학문의 보람과 마음씀씀이의 바름과 몸가짐의 예법은 날마다 힘쓰고 힘써 스스로 만족해선 안 된다.

자기를 이겨내는 공부는 일상에서 가장 절실하니, 이른바 자기란 것은 내 마음의 좋아하는 것이 천리에 부합하지 않음을 말한다.

반드시 내 마음이 여색을 좋아하는가, 이익을 좋아하는가, 명예를 좋아하는가, 벼슬살이를 좋아하는가, 편안하고 한가함을 좋아하는가, 잔치 벌여 즐기기를 좋아하는가, 진귀한 노리개를 좋아하는가 자세히 살펴보아서, 무릇 온갖 좋아하는 것이 만약 천리에 부합하지 않거든, 모든 것을 다 통절히 끊어버려 그 싹과 줄기를 남겨 두지 않은 뒤에야 내 마음의 좋아하는 것이 비로소 올바른 도리에 들어맞아 이겨내야 할 사심이 없게 될 것이다.

말이 많고 생각이 많은 것은 마음공부에 가장 해롭다. 일이 없으면 마땅히 조용히 앉아서 마음을 지키고 다른 사람과 사귐에는 마땅히 말을 가려 간략하고 신중히 하여 때맞은 뒤에 말하면 말이 간략하지 않을 수 없으니 말이 간략한 사람이 도에 가깝다.

옛 성왕의 법도에 맞는 의복이 아니면 감히 입지 않고, 옛 성왕의 법도에 맞는 말이 아니면 감히 말하지 않으며, 옛 성왕의 덕행이 아니거든 감히 행하지 않을 것이니, 이는 마땅히 죽을 때까지 가슴속에 지녀야 할 것이다.

漢字練習

執

잡을 집

華

빛날 화

侈

사치할 사

禦

막을 어

救

구원할 구

飢

주릴 기

譽

기릴 예

漢字練習

宦								

벼슬 환

宴								

잔치 연

珍								

보배 진

玩								

희롱할 완

慮								

생각할 려

簡								

대쪽 간

膺								

가슴 응

文章練習

非禮勿視하며 非禮勿聽하며 非禮勿言하며 非禮勿動이니 四者는 修身之要也라. 禮與非禮를 初學이 難辨이니 必須窮理而明之하여 但於已知處에 力行之면 則思過半矣리라.

爲學이 在於日用行事之間이니 若於平居에 居處恭하며 執事敬하며 與人忠이면 則是名爲學이니 讀書者는 欲明此理而已니라.

衣服은 不可華侈며 禦寒而已요 飮食은 不可甘美며 救飢而已요 居處는 不可安泰며 不病而已니 惟是學問之功과 心術之正과 威儀之則은 則日勉勉하여

而不可自足也니라.

克己工夫는 最切於日用하니 所謂己者는 吾心所好

不合天理之謂也라.

必須檢察吾心이 好色乎아 好利乎아 好名譽乎아

好仕宦乎아 好安逸乎아 好宴樂乎아 好珍玩乎아 하여

凡百所好若不合理어든 則一切痛斷하여 不留苗脈

然後에야 吾心所好이 始在於義理하여 而無己可克矣리라.

多言多慮는 最害心術이요 無事면 則當靜坐存心하고

接人엔 則當擇言簡重하여 時然後言이면 則言不得

不簡이니 言簡者近道니라.

非先王之法服이어든 不敢服하고 非先王之法言이어든

不敢道하며 非先王之德行이어든 不敢行이니 此當終身服膺者也니라.

爲學者는 一味向道하여 不可爲外物所勝이니 外物之不正者를
위학자 일미향도 불가위외물소승 외물지부정자

當一切不留於心하여 鄕人會處에 若設博奕樗蒲等戲어든
당일체불류어심 향인회처 약설박혁저포등희

則當不寓目하여 逡巡引退하고 若遇倡妓作歌舞어든 則必須避去요
즉당불우목 준순인퇴 약우창기작가무 즉필수피거

如値鄕中大會하여 或尊長强留하여 不能避退어든 則雖在座나
여치향중대회 혹존장강류 불능피퇴 즉강재좌

而整容淸心하여 不可使奸聲亂色으로 有干於我며 當宴飮酒에
이정용청심 불가사간성난색 유간어아 당연음주

不可沈醉요 浹洽而止이 可也니라.
불가침취 협흡이지 가야

凡飮食은 當適中이니 不可快意有傷乎氣며 言笑도 當簡重이니
범음식 당적중 불가쾌의유상호기 언소 당간중

不可喧譁以過其節이며 動止는 當安詳이니 不可粗率以失其儀
불가훤화이과기절 동지 당안상 불가조솔이실기의

니라.

有事엔 則以理應事하고 讀書엔 則以誠窮理하여 除二者外엔
유사 즉이리응사 독서 즉이성궁리 제이자외

靜坐收斂此心하여 使寂寂無紛起之念하고 惺惺無昏昧之失이
정좌수렴차심 사적적무분기지념 성성무혼매지실

可也니 所謂敬以直內者如此니라.
가야 소위경이직내자여차

當正身心하여 表裏如一이니 處幽如顯하며 處獨如衆하여
당정심신 표리여일 처유여현 처독여중

使此心如靑天白日을 人得而見之니라.
사차심여청천백일 인득이견지

常以行一不義하고 殺一不辜하여 而得天下라도 不爲底意思로
상이행이불의 살일불고 이득천하 불위지의사

存諸胸中이니라.
존저흉중

居敬以立其本하며 窮理以明乎善하며 力行以踐其實이니
거경이립기본 궁리이명호선 역행이천기실

三者는 終身事業也니라.
삼자 종신사업야

思無邪하고 毋不敬이니 只此二句는 一生受用이라도 不盡이니
사무사 무불경 지차이구 일생수용 부진

當揭諸壁上하여 須臾不可忘也니라.
당게저벽상 수유불가망야

每日에 頻自點檢하여 心不存乎아 學不進乎아 行不力乎아
매일 빈자점검 심부존호 학부진호 행불력호

하고 有則改之하며 無則加勉하며 孜孜毋怠하여 斃而後已니라.
유즉개지 무즉가면 자자무태 폐이후이

字解

일미一味: 한 가지 맛 또는 가장 좋은 맛을 뜻한다. 본문에선 문맥적 의미로써 '한결같이'나 '변함없이'로 풀이하였다.

외물外物: 바깥 대상, 곧 객관 세계에 존재하는 모든 사물 현상을 말한다.

所_바 소/ 곳, 것, 경우// 所 뒤에 오는 동사는 '~이 되다', '~을 당하다', 곧 문맥상 피동의 뜻을 갖는다.

博_넓을 박/ 깊다, 넓히다, 노름하다// 넓이, 노름.

奕_클 혁// 바둑.

박혁博奕: 장기와 바둑을 아울러 이르는 말.

樗_가죽나무 저/ 쓸모없는 물건.

蒲_부들(풀 이름) 포/ 창포.

저포樗蒲: 가죽나무와 부들의 열매로 만든 주사위로 하는 놀이인데, 윷놀이 노는 방법과 비슷하다고 한다.

逡_뒷걸음질칠 준/ 머뭇거리다.

巡_돌 순/ 순행巡行하다, 둘러보다, 따르다, 살피다.

준수逡巡: 조금씩 뒤로 물러서는 것.

인퇴引退: 그만두고 물러나는 일.

遇_만날 우/ 조우하다, 예우하다, 대접하다// 때마침, 우연히.

倡_광대 창/ 기생.

避_피할 피/ 벗어나다, 회피하다.

値_값 치/ 가격// 가치가 있다, 걸맞다, 만나다, 때를 맞이하다.

간성난색奸聲亂色: 음란한 음악과 음란한 여색을 가리킨다.

干_방패 간/ 줄기, 근본, 천간天干// 구하다, 요구하다, 범하다, 간여하다.

浹_두루 미칠 협/ 널리 퍼지다.

洽_흡족할 흡/ 들어맞다, 부합하다, 젖다, 적시다, 넉넉하게 하다, 윤택하게 하다.

기氣: 기체氣體, 곧 몸과 정신을 아우른 건강 상태를 뜻한다.

喧_지껄일 훤/ 시끄럽다.

譁_시끄러울 화/ 떠들썩하다.

조솔粗率: 거칠고 경솔함.

惺_깨달을 성/ 영리하다, 슬기롭다.

성성惺惺: 머리가 맑거나 총명함.

辜_허물 고/ 죄, 잘못, 재난, 환난.

底_밑 저/ 아래, 바닥, 구석// 그치다, 멈추다.

_이룰 지/ 이르다, 다다르다// 숫돌// 본문에선 之와 마찬가지로 관형격 조사 '~의'로 쓰였다.

거경居敬: '경'에 자리 잡다, 머문다, 살다로 풀이할 수 있다. 곧 의역하자면, 항상 바른 마음으로 몸가짐을 삼가고 조심한다는 뜻이다.

頻_자주 빈/ 빈번히.

자자孜孜: 부지런하게 꾸준하다.

斃_죽을 폐/ 넘어져 죽다, 넘어지다, 자빠지다.

文解

학문을 하는 사람은 한결같이 배움의 길을 향하여 바깥 대상에게 굴복당해선 안 되니, 바깥 대상 가운데 바르지 못한 것을, 마땅히 그 모두 다 마음에 머물러 있지 않게 하여, 마을 사람들이 모인 곳에 만약 장기나 바둑, 저포 따위 놀이를 벌였거든 마땅히 거들떠보지 아니하여 뒷걸음쳐 물러나고, 만약 광대나 기생이 노래하고 춤추는 모습을 우연히 보게 된다면 반드시 피해 가야 할 것이요, 만약 마을 사람들의 큰 모임을 맞이하여 혹 웃어른이 억지로 붙들어 피해 물러날 수 없거든 비록 자리에 있으나 용모를 단정하게 하고 마음을 맑게 하여 음란한 음악과 음란한 여색으로 하여금 나에게 간여함이 있게 해선 안 되며, 잔치를 만나 술을 마실 경우에 잔뜩 취해선 안 될 것이요, 취기가 넉넉히 돌면 그만두는 것이 옳다.

무릇 음식은 마땅히 꼭 알맞게 먹어야 할 것이니, 내키는 대로 즐겨 심신의 건강에 손상이 있어선 안 되며, 말하고 웃을 때도 마땅히 간결하고 신중해야 할 것이니, 시끄럽게 떠들어 그 절도를 넘어선 안 되며, 행동거지는 마땅히 편안하고 상서로워야 할 것이니, 거칠고 경솔하게 하여 그 예의를 잃어선 안 된다.

무슨 일이 생길 경우엔 순리롭게 일을 처리하고, 책을 읽을 땐 정성스럽게 궁리하여, 이 두 가지를 제외한 경우엔 가만히 앉아 마음을 다잡아, 이 고요로운 마음 상태에 어지러이 일어나는 생각이 없게 하고, 맑은 머리에 어둡고 어리석은 허물이 없게 하는 것이 옳으니, 이른바 경(조심히 삼가는 마음)으로써 내심을 바로잡는다는 것이 이와 같다.

마땅히 심신을 바르게 하여 겉과 속이 한결같아야 할 것이니 으슥한 곳에 있더라도 훤한 곳에 있는 듯 하고, 외따로 있더라도 여럿이 있듯이 하여, 이 마음을 마치 푸른 하늘의 밝은 해처럼 사람들이 볼 수 있게 하여야 한다.

한 가지 의롭지 못한 일을 저지르고 아무 잘못 없는 한 사람을 죽여 천하를 얻을 수 있다 하더라도, 하지 않겠다는 생각으로, 늘 가슴속에 지니고 있어야 한다.

항상 바른 마음으로 몸가짐을 삼가고 조심하여 자기 자신을 세우며, 마음속으로 깊이 생각하여 선에 밝으며, 힘써 행하여 자신의 참됨을 실천해야 하는 것이니, 이 세 가지는 죽을 때까지 일로 삼아야 한다.

생각에 삿됨이 없어야 하고 불경하지 말 것이니 다만 이 두 가지 글귀만은 한평생 배워 쓰더라도 다하지 않을 것이니, 마땅히 벽면 위쪽에 써 붙여, 아주 잠시라도 잊어선 안 된다.

날마다 삼가 조심하는 마음이 있지 않았던가, 배움에 부진함이 있었던가, 바른 행실에 힘쓰지 않았던가 하고 자주 스스로 점검하여, 잘못이 있으면 고치며, 없으면 더더욱 힘쓰며, 꾸준히 게을리하지 말아서, 죽고 난 뒤에야 그만둔다.

漢字練習

博

넓을 박

奕

클 혁

樗

가죽나무 저

蒲

부들(풀 이름) 포

逡

뒷걸음질칠 준

巡

돌 순

遇

만날 우

漢字練習

倡

광대 창

避

피할 피

値

값 치

浹

두루 미칠 협

洽

흡족할 흡

喧

지껄일 훤

譁

시끄러울 화

漢字練習

惺

깨달을 성

辜

허물 고

底

밑 저

頻

자주 빈

孜

힘쓸 자

斃

죽을 폐

文章練習

爲學者는 一味向道하여 不可爲外物所勝이니 外物之不正者를 當一切不留於心하여 鄕人會處에 若設博奕樗蒲等戱어든 則當不寓目하여 逡巡引退하고 若遇倡妓作歌舞어든 則必須避去요 如値鄕中大會하여 或尊長强留하여 不能避退어든 則雖在座나 而整容淸心하여 不可使奸聲亂色으로 有干於我며 當宴飮酒에 不可沈醉요 浹洽而止이 可也니라.

凡飮食은 當適中이니 不可快意有傷乎氣며 言笑도 當簡重이니 不可喧譁以過其節이며 動止는 當安詳이니 不可粗率以失其儀니라.

有事엔 則以理應事하고 讀書엔 則以誠窮理하여 除二者外엔 靜坐收斂此心하여 使寂寂無紛起之念하고 惺惺無昏昧之失이 可也니 所謂敬以直內者如此니라.

當正身心하여 表裏如一이니 處幽如顯하며 處獨如衆하여 使此心如靑天白日을 人得而見之니라.

常以行一不義하고 殺一不辜하여 而得天下라도 不爲底意思로 存諸胸中이니라.

居敬以立其本하며 窮理以明乎善하며 力行以踐其實이니 三者는 終身事業也니라.

思無邪하고 毋不敬이니 只此二句는 一生受用이라도 不盡이니 當揭諸壁上하여 須臾不可忘也니라.

每日에 頻自點檢하여 心不存乎아 學不進乎아

行不力乎아 하고 有則改之하며 無則加勉하며

孜孜毋怠하여 斃而後已니라.

讀書章 第四

學者는 常存此心하여 不被事物所勝이니 而必須窮理
학자 상존차심 불피사물소승 이필수궁리

明善然後에 當行之道曉然在前하여 可以進步라.
명선연후 당행지도효연재전 가이진보

故로 入道엔 莫先於窮理하고 窮理엔 莫先乎讀書하니
고 입도 막선어궁리 궁리 막선어독서

以聖賢用心之迹과 及善惡之可效可戒者이 皆在於書故也니라.
이성현용심지적 급선악지가효가계자 개재어서고야

凡讀書者는 必端拱危坐하여 敬對方冊하고 專心致志하여
범독서자 필단공위좌 경대방책 전심치지

精思涵泳하고 [涵泳者는 熟讀深思之謂라.] 深解義趣하여
정사함영 함영자 숙독심사지위 심해의취

而每句에 必求踐履之方이니 若口讀而心不體하고 身不行이면
이매구 필구천리지방 약구독이심불체 신불행

則書自書我自我니 何益之有리오.
즉서자서아자아 하익지유

字解

사물事物: 지신장持身章에 나오는 외물外物을 바깥 대상으로 풀이했듯이, 외부의 일과 대상으로 의역했다.

被_입을 피/ (옷을) 입다, 당하다, 받다.

曉_새벽 효/ 동틀 무렵// 깨닫다, 이해하다, 밝다, 환하다.

용심用心: 마음을 씀.

迹_자취 적/ 발자취, 행적, 길// 뒤따르다, 좇다.

방책方冊 : 方策으로도 쓰며, 목판이나 대쪽에 쓴 글을 뜻한다.

專_오로지 전/ 오직, 홀로, 마음대로/ 제멋대로 하다, 독점하다.

전심專心: 마음을 오로지 한곳에만 기울이는 것.

치지致志: 뜻한 바를 이루는 것.

涵_젖을 함/ 적시다, 잠기다, 포용하다, 받아들이다.

泳_헤엄칠 영/ 자맥질하다.

숙독熟讀: 뜻을 새기면서 차분하게 글을 읽는 일.

심해深解: 속속들이 이해함.

趣_뜻 취/ 취지, 멋, 풍취// 달리다, 향하다, 얻다, 취取하다.

文解

배우는 사람은 항상 이 마음을 지녀 외부의 일과 대상한테 굴복당해선 안 되는 것이니, 반드시 궁리하고 선을 분명히 한 뒤에 마땅히 갈 길이 환하게 앞에 놓여 나아갈 수 있다.

그러므로 배움의 길로 들어가는 데 궁리보다 앞서는 것은 없고, 궁리하는 데 독서보다 앞서는 것은 없으니, 성현께서 마음을 쓰신 자취와 선악의 배울 만하거나 경계할 만한 일들이 모두 책 속에 있기 때문이다.

무릇 책을 읽는 사람은 반드시 단정하게 손을 거둔 채 몸을 바르게 하고 앉아 공경히 글을 대하고, 마음을 오로지 한곳에만 기울이고 뜻한 바를 이뤄, 정성스럽게 생각을 함영하고, [함영이란 글의 뜻을 새겨가며 차분히 읽고 깊이 생각하는 것을 말한다.] 의미와 뜻을 속속들이 이해하여 구절마다 반드시 실제로 이행할 방법을 구해야 할 것이니, 만약 입으로만 읽으며 마음으로 체득하지 못하고 몸으로 행하지 못한다면 책은 그대로 책이고 나는 그대로 나이니, 무슨 이로움이 있겠는가?

漢字練習

被

입을 피

曉

새벽 효

迹

자취 적

專

오로지 전

涵

젖을 함

泳

헤엄칠 영

趣

뜻 취

文章練習

學者는 常存此心하여 不被事物所勝이니 而必須窮理明善然後에 當行之道曉然在前하여 可以進步라.

故로 入道엔 莫先於窮理하고 窮理엔 莫先乎讀書하니 以聖賢用心之迹과 及善惡之可效可戒者이 皆在於書故也니라.

凡讀書者는 必端拱危坐하여 敬對方冊하고 專心致志하여 精思涵泳하고 [涵泳者는 熟讀深思之謂라.] 深解義趣하여 而每句에 必求踐履之方이니 若口讀而心不體하고 身不行이면 則書自書我自我니 何益之有리오.

先讀小學하여 於事親 敬兄 忠君 弟長 隆師 親友之道에
선독소학 어사친 경형 충군 제장 융사 친우지도

一一詳玩而力行之니라.
일일상완이력행지

次讀大學及或問하여 於窮理 正心 修己 治人之道에 一一
차독대학급혹문 어궁리 정심 수기 치인지도 일일

眞知而實踐之니라.
진지이실천지

次讀論語하여 於求仁爲己 涵養本原之功에 一一
차독논어 어구인위기 함양본원지공 일일

精思而深體之니라.
정사이심체지

次讀孟子하여 於明辨義利 遏人欲 存天理之說에 一一
차독맹자 어명변의리 알인욕 존천리지설 일일

明察而擴充之니라.
명찰이확충지

次讀中庸하여 於性情之德과 推致之功과 位育之妙에 一一
차독중용 어성정지덕 추치지공 위육지묘 일일

玩索而有得焉이니라.
완색이유득언

次讀詩經하여 於性情之邪正과 善惡之褒戒를 一一潛繹하여
차독시경 어성정지사정 선악지포계 일일잠역

感發而懲創之니라.
감발이징창지

次讀禮經하여 於天理之節文과 儀則之度數에 一一講究
차독예경 어천리지절문 의칙지도수 일일강구

而有立焉이니라.
이유립언

次讀書經하여 於二帝三王治天下之大經大法에 一一領要
차독서경 어이제삼왕치천하지대경대법 일일령요

하여 而遡本焉이니라.
이 소 본 언

次讀易經하여 於吉凶存亡과 進退消長之幾에 一一觀玩하여
차 독 역 경 어 길 흉 존 망 진 퇴 소 장 지 기 일 일 관 완

而窮研焉이니라.
이 궁 연 언

次讀春秋하여 於聖人의 賞善 罰惡 抑揚 操縱之微辭奧義를
차 독 춘 추 어 성 인 상 선 벌 악 억 양 조 종 지 미 사 오 의

一一精研하여 而契悟焉이니라.
일 일 정 연 이 계 오 언

字解

隆_높을 륭/ 높이다.

혹문或問 : 주자가 〈대학大學〉에 대한 자세한 해설을 붙인 책이 〈대학장구大學章句〉이며, 이와 별도로 제자들이 묻고 주희가 대답하는 내용을 주제별로 분류하여 구성한 책이 〈대학혹문大學或問〉이다.

함양涵養: 사람의 능력이나 품성 따위를 기르고 닦는 것.

본원本原: 근본이나 근원을 뜻하나 본문에서는 문맥을 살펴, '본바탕의 심성'으로 의역했다.

遏_막을 알/ 저지하다, 가리다.

擴_넓힐 확/ 늘리다, 확대하다.

성정지덕性情之德: 주희가 지은 주석서인 〈중용장구中庸章句〉 제1장에 따르면, 성性은 사람의 타고난 본성을 뜻하며, 정情은 희노애락의 감정을 의미한다. 덕德은 정의正義, 의의意義, 의미, 개념 따위로 해석된다. 그러나 본문에선 한자 덕德의 그 어원적 의미(直+心)를 살려 '곧은 마음가짐'으로 풀이하였다.

『喜怒哀樂은 情也요. 其未發은 則性也니』

추치지공推致之功: 〈중용中庸〉 제1장에는 치중화致中和라는 말이 나오는데, 〈중용장구〉에서 주희는 致를 推而極之, 곧 그 일을 앞으로 밀고 나아가서 끝까지 가는 것으로 풀이하였다. 본문에서는 '중화의 도리를 꾸준히 끝까지 밀고 나아가는 공효功效'로 의역하였다.

『喜怒哀樂之未發을 謂之中이요 發而皆中節을 謂之和니 中也者는

天下之大本也요 和也者는 天下之達道也니라.』_〈중용〉

『致中和면 天地位焉하며 萬物育焉이니라.』_〈중용〉

『致는 推而極之也라. 位者는 安其所也요. 育者는 遂其生也라.』_〈중용장구〉

위육지묘位育之妙: 바로 위에 놓인 인용 구절을 참조하여 '천지가 제자리를 잡고 만물이 잘 길러지는 오묘한 이치'로 의역하였다.

索_찾을 색/ 더듬다.

_꼬다 삭/ 쓸쓸하다, 다하다// 새끼줄.

완색玩索: 글을 읽으면서 그 속에 담긴 깊은 뜻을 생각하며 찾는 것.

褒_기릴 포/ 칭찬하다, 크다, 넓다// 넓고 큰 옷자락.

潛_잠길 잠/ 가라앉다, 가라앉히다, 깊다.

繹_풀 역/ 풀어내다, 풀리다, 궁구하다.

創_비롯할 창/ 시작하다, 다치다, 상하다, 징계하다.

예경禮經: 고대 중국의 예禮에 관한 기록과 해설을 정리한 유교 경전인 〈예기禮記〉를 말한다.

절문節文: 예절에 관한 글이나 규범, 규칙을 뜻한다.

의칙儀則: 사람이 마땅히 지켜야 할 규칙 또는 규범.

도수度數: 의칙이 실생활에 적용되어 구체적인 행위로 나타난 사례事例를 말한다. 본문에서 '사례'로 의역하였다.

이제삼왕二帝三王: 이제二帝는 요堯임금과 순舜임금을, 삼왕三王은 하夏나라 우禹임금, 은殷나라 탕湯임금, 주周나라의 문왕文王과 무왕武王을 가리킨다.

영요要領: 가장 중요하고 으뜸이 되는 골자나 줄거리를 뜻한다. 본문에선 동사로 쓰여 '핵심을 파악하다'로 의역하였다.

遡_거스를 소/ 거슬러 올라가다, 하소연하다.

硏_갈 연/ 문지르다, 연구하다, 궁구하다// 벼루.

억양抑揚: 억누르거나 찬양하다.

操_잡을 조/ 쥐다, 조종하다// 지조, 절개.

縱_세로 종/ 놓아주다, 방임하다.

조종操縱: 붙잡거나 놓아준다는 뜻으로, 사람이나 사물을 제 마음대로 다루어 부리는 것.

奧_깊을 오/ 깊숙하다, 그윽하다.

契_맺을 계/ 약속하다, 새기다, 들어맞다, 부합하다// 약속, 계약.

_사람 이름 설

_부족 이름 글

계오契悟 : 뜻에 어긋나지 않게 정확히 깨달음.

文解

먼저 〈소학〉을 읽어, 부모 섬기는 일, 형을 공경하는 일, 임금에게 충성하는 일, 어른에게 공손하는 일, 스승을 받드는 일, 벗과 사귀는 일의 도리에 하나하나 자세하게 익혀서 힘써 행해야 한다.

다음으로 〈대학〉과 〈대학혹문〉을 읽어, 깊이 생각하는 일, 마음을 바르게 하는 일, 자신을 수양하는 일, 다른 사람을 다스리는 일의 도리에 하나하나 참되게 알아서 실천해야 한다.

다음으로 〈논어〉를 읽어, 인을 구하는 일, 자기를 위하는 일, 본바탕의 심성을 기르며 닦는 일의 공부에 하나하나 정성껏 사색하여서 깊이 체득해야 한다.

다음으로 〈맹자〉를 읽어, 의로움과 이로움을 분명히 구별하는 일, 사람의 욕심을 막아내는 일, 하늘의 도리를 보존하는 일의 학설에 하나하나 똑똑히 살펴보아서 확충해야 한다.

다음으로 〈중용〉을 읽어, 성정의 곧은 마음가짐과, 중화의 도리를 꾸준히 끝까지 밀고 나아가는 공효功效와, 천지가 제자리를 잡고 만물이 잘 길러지는 오묘한 이치에 하나하나 깊은 뜻을 생각하여 찾으면서 깨달아 아는 것이 있어야 한다.

다음으로 〈시경〉을 읽어, 성정의 그릇됨이나 올바름과, 선을 기리고 악을 경계하는 일을 하나하나 깊게 연구하여, 착한 일을 마음으로 느껴 분발하고 악한 일을 꾸짖고 경계해야 한다.

다음으로 〈예경〉을 읽어, 천리의 규칙과 의칙의 사례에 하나하나 강구하여 확고히 해야 한다.

다음으로 〈서경〉을 읽어, 이제삼왕께서 천하를 다스린 대경대법에 하나하나 핵심을 파악하여 그 본원本源으로 거슬러 올라가야 한다.

다음으로 〈역경〉을 읽어, 길흉존망과 진퇴소장의 징조에 하나하나 잘 살펴보아 궁리하며 연구해야 한다.

다음으로 〈춘추〉를 읽어, 성인께서 착한 사람에게 상을 주시고 악한 사람을 벌하시며, 악을 억누르시고 선을 찬양하시며, 선악을 조종하시는 그 은미한 말에 담긴 깊은 뜻을 하나하나 정밀히 연구하여 정확하게 깨달아야 한다.

漢字練習

隆								

높을 륭

遏								

막을 알

擴								

넓힐 확

索								

찾을 색

褒								

기릴 포

潛								

잠길 잠

繹								

풀 역

漢字練習

創								

비롯할 창

遡								

거스를 소

研								

갈 연

操								

잡을 조

縱								

세로 종

奧								

깊을 오

契								

맺을 계

文章練習

先讀小學하여 於事親敬兄忠君弟長隆師親友之道에 一一詳玩而力行之니라.

次讀大學及或問하여 於窮理正心修己治人之道에 一一眞知而實踐之니라.

次讀論語하여 於求仁爲己 涵養本原之功에 一一精思而深體之니라.

次讀孟子하여 於明辨義利 遏人欲 存天理之說에 一一明察而擴充之니라.

次讀中庸하여 於性情之德과 推致之功과 位育之妙에 一一玩索而有得焉이니라.

次讀詩經하여 於性情之邪正과 善惡之褒戒를 一一潛繹하여 感發而懲創之니라.

次讀禮經하여 於天理之節文과 儀則之度數에 一一講究而有立焉이니라.

次讀書經하여 於二帝三王治天下之大經大法에 一一領要하여 而遡本焉이니라.

次讀易經하여 於吉凶存亡과 進退消長之幾에 一一觀玩하여 而窮研焉이니라.

次讀春秋하여 於聖人의 賞善罰惡抑揚縱之微辭奧義를 一一精研하여 而契悟焉이니라.

五書五經을 循環熟讀하여 理會不已하며 使義理日明하고
오서오경 순환숙독 이회불이 사의리일명
而宋之先正所著之書에 如近思錄 家禮 心經 二程全書
이송지선정소저지서 여근사록 가례 심경 이정전서
朱子大全 語類와 及他性理之說을 宜間間精讀하여 使
주자대전 어류 급타성리지설 의간간정독 사
義理常常浸灌吾心하여 無時間斷하고 而餘力에 亦讀史書하여
의리상상침관오심 무시간단 이여력 역독사서
通古今 達事變하여 以長識見이니 若異端雜類不正之書는
통고금 달사변 이장식견 약이단잡류부정지서
則不可頃刻披閱也니라.
즉불가경각피열야

凡讀書엔 必熟讀一冊하여 盡曉義趣하여 貫通無疑然後에
범독서 필숙독일책 진효의취 관통무의연후
乃改讀他書요 不可貪多務得하여 忙迫涉獵也니라.
내개독타서 불가탐다무득 망박섭렵야

字解

環_고리 환/ 둥근 옥, 둘레// 돌다, 선회하다, 두르다.

이회理會: 이치를 마음속으로 깨달아서 알아채는 것.

선정先正: 선대先代의 현인을 말한다.

〈근사록近思錄〉: 주자와 그 제자인 여조겸이 함께 편찬한 책으로, 학문의 중심 문제들과 일상생활에 요긴한 부분들을 뽑아 놓았다.

〈가례家禮〉: 〈주자가례朱子家禮〉를 가리키며, 이 책은 중국 명나라 때에 구준이 가례에 관한 주자의 학설을 수집하여 만들었다.

〈심경心經) : 중국 송대宋代의 진덕수가 지은 책으로, 심학心學에 관계되는 여러 성현의 격언을 모아 놓았다.

〈이정전서二程全書〉: 송나라 정호·정이 형제의 문집, 어록, 저술을 주희가 집대성하여 편집한 책이다.

〈주자대전朱子大全〉 : 송나라 주희朱熹의 문집文集.

〈어류語類〉: 〈주자어류朱子語類〉를 가리키며, 주자와 문인 사이에 행하여진 문답의 기록을 분류하여 편찬했다.

浸_잠길 침/ 담그다, 적시다.

灌_물 댈 관/ 흘러들다, 씻다.

침관浸灌: 스며들어 적시다.

披_헤칠 피/ 펴다, 열다, 개척하다.

閱_볼 열/ 보다, 읽다, 검열하다, 조사하다, 지내다, 겪다.

탐다무득貪多務得: 욕심을 부려 많은 것을 얻으려고 애쓰는 것.

迫_핍박할 박/ 닥치다, 가까이하다, 다급하다.

망박忙迫: 일에 몰리어 몹시 바쁨.

獵_사냥 렵// 사냥하다, 잡다, 사로잡다, 섭렵하다.

섭렵涉獵: 물을 건너 찾아다닌다는 원뜻에서, '많은 책을 읽거나 두루 경험한다'로 그 의미가 확장되어 쓰인다.

文解

이러한 오서와 오경을 거듭해서 숙독하여 이치의 깨우침을 그치지 않게 하며 올바른 도리가 나날이 밝아지게 하고 송나라 선현들이 지은 책들, 이를테면 〈근사록〉, 〈가례〉, 〈심경〉, 〈이정전서〉, 〈주자대전〉, 〈어류〉 및 그 밖의 또 다른 성리학설을 마땅히 가끔씩 정독하여 올바른 도리가 언제나 내 마음속에 스며들어 적셔 잠시라도 간단없어야 한다. 그러고도 남는 힘이 있을 때 또한 역사책을 읽어, 옛날로부터 지금에 이르기까지 역사적 사건들에 통달하여 식견을 키워야 할 것이니 만약 이단이나 잡류 따위 옳지 못한 책들은 아주 잠깐 동안이라도 펼쳐 보아선 안 된다.

무릇 독서에는 책 한 권을 숙독하여 의미와 뜻을 완전히 깨달아 그 처음부터 끝까지 의심스러움이 없게 된 뒤에야 비로소 다른 책으로 바꿔 읽을 것이요, 다독을 탐하여 읽기에 힘써 몹시 바쁘게 책을 섭렵해선 안 된다.

漢字練習

環

고리 환

浸

잠길 침

灌

물 댈 관

披

헤칠 피

閱

볼 열

迫

핍박할 박

獵

사냥 렵

文章練習

五書五經을 循環熟讀하여 理會不已하며 使義理日明하고 而宋之先正所著之書에 如近思錄 家禮 心經 二程全書 朱子大全 語類와 及他性理之說을 宜間間精讀하여 使義理常常浸灌吾心하여 無時間斷하고 而餘力에 亦讀史書하여 通古今 達事變하여 以長識見이니 若異端雜類不正之書는 則不可頃刻披閱也니라.

凡讀書엔 必熟讀一冊하여 盡曉義趣하여 貫通無疑然後에 乃改讀他書요 不可貪多務得하여 忙迫涉獵也니라.

事親章 第五

凡人이 莫不知親之當孝로되 而孝者甚鮮하니 由不深知
범인 막부지친지당효 이효자심선 유불심지
父母之恩故也라.
부모지은고야

詩不云乎아 父兮生我하시고 母兮鞠我하시니 欲報之德인댄
시불운호 부혜생아 모혜국아 욕보지덕
昊天罔極이라 하니 人子之受生에 性命血肉이 皆親所遺라
호천망극 인자지수생 성명혈육 개친소유
喘息呼吸에 氣脈相通하니 此身이 非我私物이요 乃父母之
천식호흡 기맥상통 차신 비아사물 내부모지
遺氣也라.
유기야

故로 曰 哀哀父母여 生我劬勞라 하니 父母之恩이 爲如何
고 왈 애애부모 생아구로 부모지은 위여하
哉아 豈敢自有其身하여 以不盡孝於父母乎아 人能恒存此心
재 기감자유기신 이부진효어부모호 인능항존차심
이면 則自有向親之誠矣리라.
즉자유향친지성의

凡事父母者는 一事一行을 毋敢自專하고 必稟命而後行
범사부모자 일사일행 무감자전 필품명이후행
이니 若事之可爲者를 父母不許어시든 則必委曲陳達하여
약사지가위자 부모불허 즉필위곡진달
頷可而後行이요 若終不許라도 則亦不可直遂其情也니라.
함가이후행 약종불허 즉물불가직수기정야

每日未明而起하여 盥櫛衣帶하고 就父母寢所하여 下氣
매일미명이기 관즐의대 취부모침소 하기

怡聲하여 問燠寒安否하며 昏則詣寢所하여 定其褥席하고
이성 문오한안부 혼즉예침소 정기욕석

察其溫凉하며 日間侍奉에 常愉色婉容하여 應對恭敬하고
찰기온량 일간시봉 상유색완용 응대공경

左右就養하여 極盡其誠하며 出入에 必拜辭拜謁이니라.
좌우취양 극진기성 출입 필배사배알

字解

親之當孝: 여기에서 之는 동사와 목적어가 도치되었음을 알리는 조사로 쓰였다. 원래 어순은 當孝親이다.

兮_어조사 혜/ 감탄사.

鞠_공 국/ 가죽 공// 기르다, 사랑하다.

欲報之德: 여기서 之는 其와 같은 지시사로 쓰였다.

昊_하늘 호/ 밝다, 희다.

호천昊天: 넓고 큰 하늘을 뜻한다.

망극罔極: 끝이 없다, 다함이 없다. 罔은 亡과 통용.

성명性命: 본성과 천명을 아울러 가리키는 말로, 흔히 목숨이나 생명을 뜻한다.

喘_숨찰 천/ 헐떡이다// 숨, 호흡, 기침병.

천식호습喘息呼吸: 천식과 호흡은 모두 숨이나 숨을 쉬는 것을 나타낸다.

기맥상통氣脈相通: 기맥은 혈기가 흐르는 맥(줄기) 또는 그 기운을 뜻한다. 또 상통은 서로 막힘없이 길이 트였다는 말이다. 본문에선 문맥을 살려 '기운의 흐름이 막힘없다'로 의역하였다.

劬_수고로울 구/ 힘들이다, 애쓰다.

품명稟命: 윗사람에게 명령을 받는 일.

위곡委曲: 委와 曲은 모두 '자세하다'는 뜻을 갖고 있으며, 위곡은 자세한 사정이나 곡절을 의미한다.

頷_끄덕일 암.

盥_대야 관/ 씻다.

櫛_빗 즐/ 머리빗// 빗다, 빗질하다.

의대衣帶: 옷과 띠라는 뜻으로, 옷차림을 갖춰 입는 것을 말한다.

怡_기쁠 이/ 즐거워하다.

이성怡聲: 기쁜 목소리나 목소리를 부드럽게 내는 것을 말한다.

燠_따뜻할 욱/ 따뜻하게 하다.

褥_요 욕/ 까는 침구.

일간日間: 하루 동안, 아침부터 저녁까지.

愉_즐거울 유/ 기뻐하다.

_구차할 투.

婉_순할 완/ 아름답다, 예쁘다.

좌우취양左右就養: 왼쪽과 오른쪽, 곧 부모의 곁이나 옆에서 음식을 돌보아 드리는 일을 뜻한다.

謁_뵐 알/ 아뢰다, 알리다, 고하다.

文解

무릇 어버이에게 마땅히 효도해야 한다는 것을 알지 못하는 사람이 아무도 없으되 효도하는 이가 아주 드무니 부모의 은혜를 깊이 알지 못하기 때문이다.

〈시경〉에서 이렇게 말하지 않았던가.

"아버지 날 낳으시고 어머니 날 기르시니 그 은덕을 갚고자 하여도 넓고 큰 하늘처럼 끝없네."

사람의 자식이 생명을 받을 적에 목숨과 피와 살이 모두 어버이에게서 물려받은 것이라, 호흡하는 숨결에 기운이 서로 막힘없이 흐르니, 이 몸은 나 개인의 것이 아니요, 다만 부모가 남겨주신 기운인 것이다.

그러므로 〈시경〉에서 말하길 "슬프고 슬프도다, 어버이시여! 날 낳으시느라 애쓰고 수고하셨네."라고 하니 부모의 은혜가 어떠한가! 어찌 감히 제 몸을 자기 것이라고 하여 부모에게 효도를 다하지 않을 수 있겠는가?

사람이 언제나 이 마음을 지닐 수 있다면 저절로 어버이를 향하는 정성이 있게 될 것이다.

무릇 부모를 섬기는 사람은 한 가지 일이나 한 가지 행위를 감히 자기 마음대로 하지 말고 반드시 부모의 명을 받은 뒤에 해야 할 것이니, 만약 일 중에서 해도 좋은 것을 부모가 허락치 않으시거든, 반드시 자세히 사정을 말씀드려, 해도 된다고 고개를 끄덕이시고 나서야 행해야 할 것이요, 만약 끝내 허락하지 않으시더라도 또한 제 뜻을 곧바로 이루려고 해선 안 된다.

매일 날 밝기 전에 기상하여 세수하고 머리를 빗질하며 옷차림을 갖춰 입고 부모가 주무시는 곳으로 나아가, 기운을 가라앉히고 목소리를 부드럽게 내어 따뜻하신지, 추우신지, 편안하신지, 그렇지 않으신지 여쭈며, 날이 어두워지면 침소로 나아가 이부자리를 정해 드리고 그 따뜻함과 서늘함을 살펴드리며, 아침부터 저녁까지 모셔 받들 때에 늘 즐거운 얼굴빛과 순한 얼굴을 하여 공경스럽게 응대하고, 부모의 곁에서 음식을 돌보아드리도록 하여, 그 온 정성을 다하며, 나가고 들어올 경우에 반드시 절하며 말씀드리고 절하며 뵈어야 한다.

漢字練習

兮

어조사 혜

鞠

공 국

昊

하늘 호

喘

숨찰 천

劬

수고로울 구

頷

끄덕일 암

盥

대야 관

漢字練習

櫛								

빗 즐

怡								

기쁠 이

燠								

따뜻할 욱

褥								

요 욕

愉								

즐거울 유

婉								

순할 완

謁								

뵐 알

文章練習

凡人이 莫不知親之當孝로되 而孝者甚鮮하니 由不深知父母之恩故也라.

詩不云乎아 父兮生我하시고 母兮鞠我하시니 欲報之德인댄 昊天罔極이라 하니 人子之受生에 性命血肉이 皆親所遺라 喘息呼吸에 氣脈相通하니 此身이 非我私物이요 乃父母之遺氣也라.

故로 曰 哀哀父母여 生我劬勞라 하니 父母之恩이 爲如何哉아 豈敢自有其身하여 以不盡孝於父母乎아 人能恒存此心이면 則自有向親之誠矣리라.

凡事父母者는 一事一行을 毋敢自專하고 必稟命

而後行이니 若事之可爲者를 父母不許어시든 則必委曲陳達하여 頷可而後行이요 若終不許라도 則亦不可直遂其情也니라.

每日未明而起하여 盥櫛衣帶하고 就父母寢所하여 下氣怡聲하여 問燠寒安否하며 昏則詣寢所하여 定其褥席하고 察其溫凉하며 日間侍奉에 常愉色婉容하여 應對恭敬하고 左右就養하여 極盡其誠하며 出入에 必拜辭拜謁이니라.

今人이 多是被養於父母하고 不能以己力으로 養其父母하니
금인 다시피양어부모 불능이기력 양기부모
若此奄過日月이면 則終無忠養之時也리라.
약차엄과일월 즉종무충양지시야

必須躬幹家事하여 自備甘旨然後에 子職乃修니 若父母
필수궁간가사 자비감지연후 자직내수 약부모
堅不聽從이면 則雖不能幹家라도 亦當周旋補助하고 而盡力
견불청종 즉수불능간가 역당주선보조 이진력
得甘旨之具하여 以適親口 可也니라.
득감지지구 이적친구 가야

若心心念念이 在於養親이면 則珍味를 亦必可得矣리라.
약심심념념 재어양친 즉진미 역필가득의

每念王延이 隆冬盛寒에 體無全衣나 而親極滋味하여 令人
매념왕연 융동성한 체무전의 이친극자미 영인
感歎流涕也니라.
감탄류체야

人家父子間에 多是愛逾於敬하니 必須痛洗舊習하여
인가부자간 다시애유어경 필수통세구습
極其尊敬이니 父母所坐臥處에 子不敢坐臥하며 所接客處에
극기존경 부모소좌와처 좌불감좌와 소접객처
子不敢接私客하며 上下馬處에 子不敢上下馬 可也니라.
자불감접사객 상하마처 자불감상하마 가야

父母之志이 若非害於義理면 則當先意承順하여 毫忽
부모지지 약비해어의리 즉당선의승순 호홀
不可違요 若其害理者는 則和氣怡色柔聲以諫하고 反覆
불가위 약기해리자 즉화기이색유성이간 반복
開陳하여 必期於聽從이니라.
개진 필기어청종

父母有疾이어시든 心憂色沮하여 捨置他事하고 只以問醫劑
부모유질 심우색저 사치타사 지이문의제

藥爲務니 疾止어시든 復初니라.
약위무 질지 복초

日用之間에 一毫之頃이라도 不忘父母然後에 乃名爲孝니
일용지간 일호지경 불망부모연후 내명위효

彼持身不謹하고 出言無章하며 嬉戱度日者는 皆是忘父母者也
피지신불근 출언무장 희희도일자 개시망부모자야

니라.

日月이 如流하여 事親을 不可久也라. 故로 爲子者는 須盡誠
일월 여류 사친 불가구야 고 위자자 수진성

竭力하여도 如恐不及이 可也니라. 古人詩曰 古人一日養을
갈력 여공불급 가야 고인시왈 고인일일양

不以三公換이라 하니 所謂愛日者如此니라.
불이삼공환 소위애일자여차

字解

奄_문득 엄/ 갑자기// 덮다, 가리다.

일월日月: 해와 달을 아울러 이르는 말로써, '세월'을 뜻한다.

幹_줄기 간/ 근본// 맡다, 담당하다.

감지甘旨: 설탕이나 꿀 따위의 달콤한 맛 또는 맛이 좋은 음식을 가리킨다.

자직내수子職乃修: 子職은 자식의 직분 곧 '자식 된 도리'로, 修는 '행하다, 거행하다'의 뜻으로 새겼다. 직역하면 '자식 된 도리가 비로소 행해진다'고 풀이할 수 있다. 하지만 이 수동태문은 어색하기 때문에 우리말 어법에 어울리게 '자식 된 도리를 비로소 행하다'로 고쳤다.

청종聽從: 말하는 대로 잘 듣고 따르는 것을 말한다.

旋_돌 선/ 회전하다.

주선周旋: 일이 잘되도록 여러 가지 방법으로 두루 힘쓰는 일.

具_갖출 구/ 구비하다, 온전하다// 모두, 함께// 그릇, 도구, 차림.

왕연王延: 중국 진晉나라 때 효자. 계모에게 학대를 받았지만 지극정성으로 섬겨 마침내 계모가 개심했다고 한다.

융동성한隆冬盛寒: 한겨울의 한창 심한 추위.

滋_불을 자/ 붇다, 늘다, 증가하다, 많아지다, 맛있다// 맛있는 음식// 더욱 더, 점점 더.

자미滋味: 맛있는 음식을 뜻한다.

涕_눈물 체/ 울다.

逾_넘을 유/ 넘기다, 지나다, 지나가다.

호홀毫忽: 털 오라기처럼 아주 작은 것을 뜻한다.

違_어긋날 위/ 어기다, 다르다, 떨어지다, 멀리하다.

諫_간할 간/ 웃어른이나 임금에게 잘못을 고치도록 말하다.

覆_다시 복/ 되풀이하다, 엎어지다, 뒤집히다.

_덮을 부// 덮개.

색저色沮: 얼굴로 두려워하다, 곧 두려운 얼굴빛을 하는 것을 말한다.

醫_의원 의/ 의사, 의술// (병을) 고치다, 치료하다.

劑_약제 제/ 조제하다, 조절하다.

지신持身: 몸가짐, 곧 제 몸의 처신을 이른다.

출언무장出言無章: 말을 내뱉는 것이 막되다. 여기서 章은 법 또는 질서를 뜻한다.

嬉_아름다울 희/ 즐거워하다, 즐기다, 희롱하다.

竭_다할 갈/ 없어지다, 끝나다// 모두, 다.

삼공三公: 중국에서 천자를 보좌하는 최고 관직의 세 벼슬을 가리킨다.

애일愛日: 날을 아낀다는 뜻으로, 부모에게 효도할 수 있는 날이 많지 않음을 안타까워하며 정성껏 어버이를 섬기는 효심을 비유한다.

文解

지금 사람은 흔히들 부모에게서 양육 받기 일쑤이고 자기 힘으로 제 부모를 봉양하지 못하니, 만약 이처럼 있다가 문득 세월이 지나가게 되면 마침내 정성스럽게 봉양할 때란 없어지고야 만다.

반드시 몸소 집안일을 맡아, 맛 좋은 음식을 스스로 준비해 놓은 뒤에, 자식된 도리를 비로소 행한 것이니, 만약 부모가 굳이 자식의 말을 듣고 따르지 않으시면, 비록 집안일을 담당할 수 없더라도, 또한 마땅히 여러 방법으로 두루 힘쓰며 거들어 도와드리도록 하고, 힘껏 맛있는 음식을 차려 어버이 입에 맞도록 해야 한다.

만약 마음과 생각이 온통 어버이 봉양에 있다면 또 반드시 진미를 얻을 수 있으리라.

늘 이것을 생각해야 한다, 왕연은 한겨울 한창 추위에 제 몸에는 온전한 옷을 입지 못하였으나 맛있는 음식으로 어버이에게 극진하여, 사람들로 하여금 감탄케 하며 눈물 흘리게 했다는 것을.

사람 사는 집에서 부모와 자식 사이에 흔히들 공경보다 사랑이 지나치기 일쑤이니, 반드시 구습을 통절하게 씻어 내어, 제대로 존경을 다해야 할 것이니, 부모가 앉거나 눕는 곳에 자식은 감히 앉고 눕지 않아야 하며, 부모가 손님을 접대하는 곳에 자식은 함부로 사사로운 손님을 접대하지 않아야 하며, 부모가 말을 오르내리는 곳에 자식은 감히 말을 오르내리지 않아야 한다.

부모의 뜻이 만약 올바른 도리에 해로운 것이 아니면 마땅히 미리 헤아려서 순순히 따르도록 하여 아주 작은 일이라도 어겨선 안 될 것이요, 만약 그것이 도리를 해치는 경우에는 온화하고 즐거운 얼굴빛과 부드러운 목소리로써 아뢰고 거듭 말씀드려 반드시 말을 듣고 따르시도록 기다려야 한다.

부모가 병을 앓고 계시거든 마음으로 근심하고 두려운 얼굴빛을 하여 다른 일은 놓아 두고 다만 의원에게 물어 약 짓는 일에 힘써야 할 것이니, 병이 그치거든 원래대로 돌아간다.

날마다 생활하는 동안에 아주 잠깐이라도 부모를 잊지 않은 뒤에 비로소 효도를 한다고 이를 것이니, 저 제 몸의 처신을 삼가지 않고, 말을 내뱉는 것이 막되었으며, 즐거이 장난이나 치면서 세월을 보내는 사람은 모두 부모를 잊어버린 것이다.

세월이 물 흐르는 듯하여 어버이 섬기는 일을 오래할 수 없다. 그러므로 자식 된 사람은 모름지기 정성을 다하고 힘을 다하여도, 그 정성과 힘이 미치지 못함을 두려워하는 것 같아야 한다. 옛날 사람의 시에서도 말하길 "옛 사람은 부모 봉양의 하루를 삼공의 벼슬과도 바꾸려 하지 않았네"라고 하였으니, 이른바 '애일'이란 이러한 것이다.

漢字練習

奄

문득 엄

幹

줄기 간

旋

돌 선

具

갖출 구

滋

불을 자

涕

눈물 체

逾

넘을 유

漢字練習

違								

어긋날 위

諫								

간할 간

覆								

다시 복

醫								

의원 의

劑								

약제 제

嬉								

아름다울 희

竭								

다할 갈

文章練習

今人이 多是被養於父母하고 不能以己力으로 養其父母하니 若此奄過日月이면 則終無忠養之時也리라.

必須躬幹家事하여 自備甘旨然後에 子職乃修니

若父母堅不聽從이면 則雖不能幹家라도 亦當周旋補助하고 而盡力得甘旨之具하여 以適親口 可也니라.

若心心念念이 在於養親이면 則珍味를 亦必可得矣리라.

每念王延이 隆冬盛寒에 體無全衣나 而親極滋味하여 令人感歎流涕也니라.

人家父子間에 多是愛逾於敬하니 必須痛洗舊習하여 極其尊敬이니 父母所坐臥處에 子不敢坐臥하며

所接客處에 子不敢接私客하며 上下馬處에 子不敢上下馬 可也니라.

父母之志이 若非害於義理면 則當先意承順하여 毫忽不可違요 若其害理者는 則和氣怡色柔聲以諫하고 反覆開陳하여 必期於聽從이니라.

父母有疾이어시든 心憂色沮하여 捨置他事하고 只以問醫劑藥爲務니 疾止어시든 復初니라.

日用之間에 一毫之頃이라도 不忘父母然後에 乃名爲孝니 彼持身不謹하고 出言無章하며 嬉戲度日者는 皆是忘父母者也니라.

日月이 如流하여 事親을 不可久也라. 故로 爲子者는

須盡誠竭力하여도 如恐不及이 可也니라.

古人詩曰 古人一日養을 不以三公換이라 하니 所謂

愛日者如此니라.

喪制章 第六

喪制는 當一依朱文公家禮니 若有疑晦處어든 則質問于
상제 당일의주문공가례 약유의회처 즉질문우
先生長者識禮處하여 必盡其禮이 可也니라.
선생장자식례처 필진기례 가야

復時俗例에 必呼小字는 非禮也라. 少者는 則猶可呼名이라도
복시속례 필호소자 비례야 소자 즉유가호명
長者는 則不可呼名이요 隨生時所稱이 可也니라. [婦女는
장자 즉불가호명 수생시소칭 가야 부녀
尤不宜呼名이라.]
우불의호명

母喪에 父在則父爲喪主니 凡祝辭를 皆當用夫告妻之例也
모상 부재즉부위상주 범축사 개당용부고처지례야
니라.

父母初沒에 妻妾婦及女子는 皆被髮하고 男子는 則被
부모초몰 처첩부급녀자 개피발 남자 즉피
髮扱上衽徒跣이니라. [小斂後에 男子는 則袒括髮하고 婦人
발흡상임도선 소렴후 남자 즉단괄발 부인
은 則髽니라.] 若子爲他人後者와 及女子已嫁者는 皆不
즉좌 약자위타인후자 급녀자이가자 개불
被髮徒跣이니라. [男子는 則免冠이라.]
피발도선 남자 즉면관

尸在牀而未殯엔 男女位于尸傍이면 則其位는 南上이니
시재상이미빈 남녀위우시방 즉기위 남상
以尸頭所在爲上也요 旣殯之後엔 女子는 則依前位于堂上
이시두소재위상야 기빈지후 여자 즉의전위우당상

하되 南上하고 男子는 則位于階下하되 其位는 當北上이니
남상 남자 즉위우계하 기위 당북상
以殯所在爲上也니라. 發引時엔 男女之位는 復南上이니
이빈소재위상야 발인시 남녀지위 부남상
以靈柩所在爲上也니 隨時變位하여 而各有禮意니라.
이령구소재위상야 수시변위 이각유례의

今人이 多不解禮하여 每弔客致慰에 專不起動하고
금인 다불해례 매조객치위 전불기동
只俯伏而已하니 此非禮也라.
지부복이이 차비례야

弔客이 拜靈座而出이어든 則喪者는 當出自喪次하여
조객 배령좌이출 즉상자 당출자상차
向弔客하여 再拜而哭이 可也니라. [弔客도 當答拜니라.]
향조객 재배이곡 가야 조객 당답배

衰絰은 非疾病服役이면 則不可脫也니라.
최질 비질병복역 즉불가탈야

家禮에 父母之喪엔 成服之日에 始食粥하고 卒哭之日에
가례 부모지상 성복지일 시식죽 졸곡지일
始疏食[糲飯也라.] 水飮하고 [不食羹也라.] 不食菜果하며
시소식 여반야 수음 불식갱야 불식채과
小祥之後에 始食菜果하니 [羹亦可食이라.] 禮文如此하니
소상지후 시식채과 갱역가식 예문여차
非有疾病이면 則當從禮文이니라.
비유질병 즉당종예문

字解

주문공가례朱文公家禮: 〈가례家禮〉 또는 〈주자가례朱子家禮〉라고도 불리며, 주희가 일상생활의 예절을 모아 편찬한 의례서.

복復: 고복皐復이나 초혼招魂이라고도 한다. 남자의 초상에는 남자가, 여자의 초상에는 여자가 고인의 옷을 가지고 지붕 위로 올라가서 북쪽을 향해 그 옷을 흔들며 죽은 사람의 이름을 세 번 부르는 상제 절차.

소자小字: 어릴 때의 이름을 뜻한다.

축사祝辭: 축문祝文. 제사를 지낼 때 신명神明에게 읽어 고하는 글을 가리킨다.

초몰初沒: 沒은 사람이 죽었다는 뜻으로, 초상初喪이 난 것을 가리킨다.

피발被髮: 여기서 被는 披와 같다. 머리를 풀어 헤친다는 뜻이다.

扱_미칠 급/ 이르다, 다루다, 처리하다.

_거둘 흡/ 거두어 모으다.

衽_옷섶 임/ 솔기, 자락.

상임上衽: 웃옷의 앞섶을 말한다.

跣_맨발 선// 맨발로 다니다.

도선徒跣: 徒도 '맨발, 맨손'의 뜻이 있다.

소렴小斂: 시신을 옷과 이불로 싸는 장례 절차를 말한다.

袒_웃통 벗을 단/ 어깨를 드러내다.

括_묶을 괄/ 동여매다, 담다, 망라하다// 묶음, 법도, 법규.

髽_북상투(아무렇게나 막 끌어 올려 짠 상투) 좌.

殯_빈소 빈/ 염殮하다.

階_섬돌 계/ 층계, 차례.

발인發引: 상여가 집에서 장지를 향해 떠나는 것을 말한다.

柩_널(시체를 넣는 관이나 곽 따위를 통틀어 이르는 말) 구.

영구靈柩: 시체를 담아 넣는 관을 가리킨다.

치위致慰: 상喪중에 있는 사람을 위로함. 본문에서는 상주를 위문한다는 뜻의 '문상問喪'으로 풀이하였다.

영좌靈座: 상가에서 신위나 위패를 모시어 놓은 자리를 말한다.

상차喪次: 상주가 머무는 방.

衰_쇠할 쇠/ 약하다.

_상복 최.

絰_질(상복을 입을 때 머리와 허리에 묶는 끈) 질.

최질衰絰: 상중에 입는 삼베옷과 수질首絰, 요질腰絰을 가리킨다.

성복成服: 초상이 나서 처음으로 상복을 갖춰 입는 것을 말한다. 보통은 사람이 죽은 지 나흘 되는 날부터 입는다.

粥_죽 죽// 죽을 먹다.

졸곡卒哭: 매장 후 삼일째 되는 날 삼우제三虞祭를 지낸 다음, 곡을 끝낸다는 뜻으로 지내는 제사를 말한다. 사람이 죽은 지 석 달 만에 오는 첫 정일丁日이나 해일亥日을 택하여 지낸다.

糲_현미 려.

羹_국 갱.

소상小祥: 사람이 죽은 지 1년 만에 지내는 제사를 이른다.

文解

상제는 마땅히 한결같이 주문공의 가례를 따라야 하니, 만약 의심스럽고 분명치 않은 데가 있거든 선생이나 어른에게, 예를 아는 곳에 질문하여, 반드시 그 예를 다해야 하는 것이 옳다.

고복을 할 때 세속의 관례에, 꼭 어릴 적 이름을 부르는 것은 예가 아니다. 어린 사람이면 오히려 이름을 부를 수 있더라도, 어른이면 이름을 불러선 안 될 것이요, 살아있는 동안 불리던 호칭을 따르는 것이 옳다. [부녀자는 더더욱 이름을 불러선 안 된다.]

모친상에 아버지가 계시면 아버지가 상주가 되니, 무릇 축사를 모두 마땅히 남편이 아내에게 고하는 형식을 써야 한다.

부모가 돌아가셨을 때에 아내와 첩, 며느리와 딸은 모두 머리를 풀어 헤치고, 남자는 머릴 풀며 웃옷의 앞섶을 걷어 올리고 맨발을 한다. [소렴을 한 뒤에 남자는 어깨를 드러낸 채 머리를 묶고 부인은 아무렇게나 머리를 틀어 올린다.] 만약 아들로서 다른 사람의 후사가 된 이와 딸로서 이미 시집을 간 이는 모두 머리를 풀거나 맨발을 하지 않는다. [남자는 관을 벗는다.]

시신이 침상에 있고 아직 빈소를 차리지 못했을 경우엔 남녀가 시신 곁에 자리하게 되면 그 위치는 남쪽을 윗자리로 여기니, 시신의 머리가 있는 곳을 윗자리로 삼기 때문이요, 이미 빈소가 차려진 뒤엔 여자는 전과 같이 대청 위에 자리하되 남쪽을 윗자리로 하고, 남자는 섬돌 아래 자리하되 그 위치는 마땅히 북쪽을 윗자리로 여겨야 할 것이니, 빈소가 있는 곳을 윗자리로 삼기 때문이다. 발인할 때엔 남녀의 위치는 다시 남쪽을 윗자리로 삼으니, 영구가 놓인 곳을 윗자리로 삼기 때문이니, 그때그때 상황에 따라 위치가 변하여 그 각각 상례喪禮의 뜻을 지녀야 한다.

지금 사람이 많이들 상례를 이해하지 못하여 매번 조문객이 문상할 때마다 전혀 몸을 일으켜 움직이지 않고 다만 고개를 숙인 채 엎드려 있기만 할 뿐이니,

이는 예가 아니다.

조문하러 온 사람이 영좌에 절하고 나오거든 상을 당한 사람은 마땅히 상차에서 나와 조문객을 향하여 두 번 절하고 곡을 하는 것이 옳다. [조문객도 마땅히 답배해야 한다.]

상복과 수질, 요질은 질병에 걸리거나 일을 해야 하는 경우가 아니면 벗어선 안 된다. 〈가례〉에 부모의 상엔 상복을 처음으로 갖춰 입는 날에 비로소 죽을 먹고, 졸곡을 하는 날에 비로소 거친 밥과 [현미로 지은 밥이다.] 물을 먹고, [국을 먹지 않는다.] 채소와 과일을 먹지 않으며, 소상 뒤에 비로소 채소와 과일을 먹으니, [국 또한 먹어도 된다.] 예법에 관한 글이 이러하니 질병을 앓고 있는 것이 아니라면 마땅히 예문을 따라야 한다.

漢字練習

扱

미칠 급

衽

옷섶 임

跣

맨발 선

袒

웃통 벗을 단

括

묶을 괄

髽

북상투 좌

殯

빈소 빈

漢字練習

階								

섬돌 계

柩								

널 구

衰								

쇠할 쇠

絰								

질 질

粥								

죽 죽

糲								

현미 려

羹								

국 갱

文章練習

喪制는 當一依朱文公家禮니 若有疑晦處어든 則質問于先生長者識禮處하여 必盡其禮이 可也니라.

復時俗例에 必呼小字는 非禮也라. 少者는 則猶可呼名이라도 長者는 則不可呼名이요 隨生時所稱이 可也니라. [婦女는 尤不宜呼名이라.]

母喪에 父在則父爲喪主니 凡祝辭를 皆當用夫告妻之例也니라.

父母初沒에 妻妾婦及女子는 皆被髮하고 男子는 則被髮扱上衽徒跣이니라. [小斂後에 男子는 則袒括髮하고 婦人은 則髽니라.] 若子爲他人後者와 及女子已嫁

者는 皆不被髮徒跣이니라. [男子는 則免冠이라.]

尸在牀而未殯엔 男女位于尸傍이면 則其位는 南上이니 以尸頭所在爲上也요 旣殯之後엔 女子는 則依前位于堂上하되 南上하고 男子는 則位于階下하되 其位는 當北上이니 以殯所在爲上也니라. 發引時엔 男女之位는 復南上이니 以靈柩所在爲上也니 隨時變位하여 而各有禮意니라.

今人이 多不解禮하여 每弔客致慰에 專不起動하고 只俯伏而已하니 此非禮也라.

弔客이 拜靈座而出이어든 則喪者는 當出自喪次하여 向弔客하여 再拜而哭이 可也니라. [弔客도 當答拜니라.]

衰絰은 非疾病服役이면 則不可脫也니라.

家禮에 父母之喪엔 成服之日에 始食粥하고 卒哭之日에 始疏食[糲飯也라.] 水飮하고 [不食羹也라.] 不食菜果하며 小祥之後에 始食菜果하니 [羹亦可食이라.] 禮文如此하니 非有疾病이면 則當從禮文이니라.

人或有過禮而啜粥三年者하니 若是誠孝出人하여 無一毫
인 혹 유 과 례 이 철 죽 삼 년 자　약 시 성 효 출 인　무 일 호
勉强之意면 則雖過禮라도 猶或可也니라. 若誠孝未至하여
면 강 지 의　즉 수 과 례　유 혹 가 야　약 성 효 미 지
而勉强踰禮면 則是自欺하고 而欺親也니 切宜戒之니라.
이 면 강 유 례　즉 시 자 기　이 기 친 야　절 의 계 지

今之識禮之家는 多於葬後返魂하니 此固正禮라. 但時人이
금 지 식 례 지 가　다 어 장 후 반 혼　차 고 정 례　단 시 인
效顰하여 遂廢廬墓之俗하고 返魂之後에 各還其家하여 與妻
효 빈　수 폐 려 묘 지 속　반 혼 지 후　각 환 기 가　여 처
子同處하니 禮坊大壞이 甚可寒心이라.
자 동 처　예 방 대 괴　심 가 한 심

凡喪親者는 自度一一從禮하여 無毫分虧欠이면 則當
범 상 친 자　자 탁 일 일 종 례　무 호 분 휴 흠　즉 당
依禮返魂이요 如或未然이면 則當依舊俗廬墓이 可也니라.
의 례 반 혼　여 혹 미 연　즉 당 의 구 속 려 묘　가 야

親喪엔 成服之前에 哭泣을 不絶於口하고 [氣盡이면
친 상　성 복 지 전　곡 읍　부 절 어 구　기 진
則令婢僕代哭이라.] 葬前에 哭無定時하여 哀至則哭하며
즉 령 비 복 대 곡　장 전　곡 무 정 시　애 지 즉 곡
卒哭後엔 則朝夕으로 哭二時而已니 禮文이 大槪如此니라.
졸 곡 후　즉 조 석　곡 이 시 이 이　예 문　대 개 여 차
若孝子情至면 則哭泣이 豈有定數哉아.
약 효 자 정 지　즉 곡 읍　기 유 정 수 재

凡喪엔 與其哀不足而禮有餘也론 不若禮不足而哀有餘也니
범 상　여 기 애 부 족 이 례 유 여 야　불 약 례 부 족 이 애 유 여 야
喪事는 不過盡其哀敬而已니라.
상 사　불 과 진 기 애 경 이 이

曾子曰 人未有自致者也나 必也親喪乎인저 하시니 送死者는
증 자 왈　인 미 유 자 치 자 야　필 야 친 상 호　송 사 자

事親之大節也니 於此에 不用其誠이면 惡乎用其誠이리오.
사친지대절야 어차 불용기성 오호용기성

昔者에 小連大連이 善居喪하여 三日不怠하고 三月不懈하고
석자 소련대련 선거상 삼일불태 삼월불해

期悲哀하며 三年憂하니 此是居喪之則也라.
기비애 삼년우 차시거상지칙야

孝誠之至者는 則不勉而能矣어니와 如有不及者는 則勉
효성지지자 즉불면이능의 여유불급자 즉면

而從之이 可也니라.
이종지 가야

字解

啜_먹을 철/ 마시다.

성효誠孝: 마음을 다하여 부모를 섬기는 정성을 일컫는다. 효성과 같은 말이다.

면강勉强: 억지로 하거나 시키는 것을 뜻한다.

유혹猶或: 부사어로써 '그러하다고 하더라도'의 뜻이다. 이미 토에 그 말뜻이 반영되어 있기 때문에 따로 해석하지 않아도 된다.

踰_넘을 유/ 넘다, 지나가다.

返_돌이킬 반/ 돌아오다, 돌려보내다, 되돌리다// 도리어.

반혼返魂: 장례를 지내고 나서 신주를 집으로 모셔 오는 일을 가리킨다.

시인時人: 그 당시의 사람들이란 뜻으로, 본문에서는 지금 사람들로 풀이하였다.

顰_찡그릴 빈/ 얼굴을 찡그리다, 눈살을 찌푸리다.

효빈效顰: 눈살 찌푸리는 것을 흉내 낸다는 뜻으로, 월越나라의 미녀 서시西施가 가슴앓이를 하여 얼굴을 찡그리곤 했는데, 그 모습을 본 추녀들이 따라했다는 고사故事에서 유래했다. 곧 남의 결점을 장점으로 잘못 알고 무조건 흉내 내는 그 어리석음을 탓하는 말이다.

廬_농막집 려/ 주막, 여인숙.

여묘廬墓: 상주가 무덤 근처에 초막을 지어 놓고 거처하며 무덤을 지키는 일을 뜻한다.

坊_둑 방/ 제방.

예방禮坊: 坊은 防과 통용된다. 예법으로써 잘못된 행동을 하지 못하도록 막는 일을 뜻한다.

壞_무너질 괴/ 무너뜨리다, 허물어지다, 파괴하다.

한심寒心: '한심하다'의 어근이다.

호분毫分: 1인분처럼 여기서 分은 '분량'의 뜻을 더하는 접미사로 쓰였다. '터럭 그것만큼'의 뜻이다.

虧_이지러질 휴/ 부족하다, 모자라다.

欠_하품 흠/ 빚// 하품하다, 부족하다, 모자라다.

휴흠虧欠: 일정한 수효에서 부족함이 생기는 것을 뜻한다.

婢_여자 종 비.

僕_사내 종 복.

葬_장사 지낼 장/ 매장하다.

與其A 不若B: 'A하는 것이 B하는 것만 못하다'고 풀이한다.

증자曾子: 공자의 제자로, 이름은 삼參, 자字는 자여字輿이다. 〈효경孝經〉의 저자로 알려졌다.

자치自致: 스스로 있는 힘을 다하는 것을 뜻한다.

連_잇닿을 련/ 연속하다.

소련小連과 대련大連: 〈예기禮記〉에 따르면 동이東夷 사람으로 부모의 삼년상을 극진히 잘 치른 것으로 알려졌다.

거상居喪: 상중에 있다는 말로, 문맥상 '상중의 몸가짐'으로 의역했다.

懈_게으를 해/ 나태하다// 게으름.

文解

사람들 중에 간혹 예가 지나쳐서 삼 년 동안 죽만 먹는 이가 있으니, 만약 효성이 다른 사람보다 뛰어나서 아주 조금도 억지로 하는 뜻이 없다면, 비록 예가 지나치더라도 괜찮다. 만약 효성이 아직 지극하지 못하여 억지로 힘써 예를 지나친다면 이는 자신을 속이고 어버이를 속이는 것이니, 절실하게 마땅히 삼가해야 한다.

오늘날 상례喪禮를 아는 집에서는 많이들 장사 지낸 뒤에 반혼하니, 이것이 본디 바른 예법이다. 다만 지금 사람들이 무턱대고 따라하여 마침내 여묘의 풍속을 폐하고 반혼한 뒤에 다들 제 집으로 돌아가서 처자식과 함께 지내니, 예방의 크게 무너짐이 몹시 한심스럽다.

무릇 부모를 잃은 이는 스스로 예를 따랐는지 하나하나 헤아려 터럭만큼도 부족함이 없다면 마땅히 예법을 좇아 반혼할 것이요, 혹시 만약 그렇지 못하면 당연히 옛 풍습을 따라 여묘하는 것이 옳다.

부모의 상사엔 성복하기 전에, 곡하며 우는 것을 입에서 끊어지지 않게 하고, [기운이 다하면 종들을 시켜 대신 곡하게 한다.] 장사 지내기 전에, 곡은 때없이 하여 슬픔을 느끼게 되면 곡하며, 졸곡 뒤엔, 아침과 저녁으로 곡은 두 번만 할 따름이니, 예법에 관한 글이 대개 이와 같다. 만약 효자의 정이 지극하다면 곡하며 우는 일에 어찌 그 횟수가 정해져 있겠는가!

무릇 상을 당했을 때엔 덜 슬퍼하고 넉넉히 예를 차리는 일이 예를 덜 차리고 넘치게 슬퍼하는 일만 못하니, 상사는 그 슬픔과 공경을 다하는 일에 지나지 않을 뿐이다.

증자께서 말씀하시길 "사람은 스스로 있는 힘을 다하는 경우가 있지 않으나, 반드시 부모의 상사에는 그리해야 한다"고 하셨다. 죽은 이를 장사 지내는 일은 어버이를 섬기는 큰 예절이니 여기에 온 정성을 쓰지 않는다면 어디에 그 정성을 쓰겠는가?

옛날에 소련과 대련이 상중의 몸가짐을 잘하여, 사흘 동안 게으르지 않고, 석 달 동안 나태하지 않고, 일 년간 슬퍼하고 서러워하며, 삼 년 동안 근심하였으니, 이것이 곧 상중에 있는 몸가짐의 본보기이다.

효성이 지극한 사람은 억지로 하지 않아도 잘하거니와 만약 그렇지 못한 사람은 애써 따르는 것이 옳다.

漢字練習

啜								

먹을 철

踰								

넘을 유

返								

돌이킬 반

顰								

찡그릴 빈

廬								

농막집 려

坊								

둑 방

壞								

무너질 괴

漢字練習

虧

이지러질 휴

欠

하품 흠

婢

여자 종 비

僕

사내 종 복

葬

장사 지낼 장

連

잇닿을 련

懈

게으를 해

文章練習

人或有過禮而啜粥三年者하니 若是誠孝出人하여

無一毫勉强之意면 則雖過禮라도 猶或可也니라.

若誠孝未至하여 而勉强踰禮면 則是自欺하고 而欺

親也니 切宜戒之니라.

今之識禮之家는 多於葬後返魂하니 此固正禮라.

但時人이 效顰하여 遂廢廬墓之俗하고 返魂之後에

各還其家하여 與妻子同處하니 禮坊大壞이 甚可寒心이라.

凡喪親者는 自度一一從禮하여 無毫分虧欠이면 則當

依禮返魂이요 如或未然이면 則當依舊俗廬墓이 可也니라.

親喪엔 成服之前에 哭泣을 不絶於口하고 [氣盡이면

則令婢僕代哭이라.] 葬前에 哭無定時하여 哀至則哭하며 卒哭後엔 則朝夕으로 哭二時而已니 禮文이 大槪如此니라. 若孝子情至면 則哭泣이 豈有定數哉아. 凡喪엔 與其哀不足而禮有餘也론 不若禮不足而哀有餘也니 喪事는 不過盡其哀敬而已니라.

曾子曰 人未有自致者也나 必也親喪乎인저 하시니 送死者는 事親之大節也니 於此에 不用其誠이면 惡乎用其誠이리오. 昔者에 小連大連이 善居喪하여 三日不怠하고 三月不懈하고 期悲哀하며 三年憂하니 此是居喪之則也라. 孝誠之至者는 則不勉而能矣어니와 如有不及者는 則勉而從之이 可也니라.

人之居喪에 誠孝不至하여 不能從禮者는 固不足道矣어니와
인지거상 성효부지 불능종례자 고부족도의

間有質美而未學者하여 徒知執禮之爲孝하고 而不知
간유질미이미학자 도지집례지위효 이부지

傷生之失正하여 過於哀毁하여 羸疾已作호되 而不忍從權하여
상생지실정 과어애훼 이질이작 이불인종권

以至滅性者도 或有之하니 深可惜也라.
이지멸성자 혹유지 심가석야

是故로 毁瘠傷生을 君子謂之不孝니라.
시고 훼척상생 군자위지불효

凡有服親戚之喪에 若他處聞訃어든 則設位而哭이니 若奔喪
범유복친척지상 약타처문부 즉설위이곡 약분상

이면 則至家而成服하고 若不奔喪이면 則四日成服이니라.
즉지가이성복 약불분상 즉사일성복

若齊衰之服이면 則未成服前三日中에 朝夕爲位하고 會哭
약자최지복 즉미성복전삼일중 조석위위 회곡

이니라. [齊衰 降大功者도 亦同이라.]
자최 강대공자 역동

師友之義重者와 及親戚之無服而情厚者와 與凡相知
사우지의중자 급친척지무복이정후자 여범상지

之分密者는 皆於聞喪之日에 若道遠하여 不能往臨其喪이면
지분밀자 개어문상지일 약도원 불능왕림기상

則設位而哭이니라.
즉설위이곡

師는 則隨其情義深淺하여 或心喪三年 或期年 或九月
사 즉수기정의심천 혹심상삼년 혹기년 혹구월

或五月 或三月이요 友는 則雖最重이나 不過三月이니라.
혹오월 혹삼월 우 즉수최중 불과삼월

若師喪에 欲行三年期年者가 不能奔喪이어든 則當朝夕
약사상 욕행삼년기년자 불능분상 즉당조석

設位而哭하여 四日而止니라. [止於四日之朝라. 若情重者는
설위이곡 사일이지 지어사일지조 약정중자
則不止此限이라.]
즉부지차한

凡遭服者는 每月朔日에 設位하고 服其服하고 而會哭하니라.
범조복자 매월삭일 설위 복기복 이회곡
[師友는 雖無服이나 亦同이라.]
사우 수무복 역동

月數旣滿이면 則於次月朔日에 設位하고 服其服하고 會哭
월수기만 즉어차월삭일 설위 복기복 회곡
而除之니 其間에 哀至則哭이 可也니라.
이제지 기간 애지즉곡 가야

凡大功以上喪은 則未葬前엔 非有故어든 不可出入이며 亦
범대공이상상 즉미장전 비유고 불가출입 역
不可弔人이요 常以治喪講禮爲事니라.
불가조인 상이치상강례위사

字解

毁_헐 훼/ 부수다, 무너지다.

애훼哀毁: 부모의 죽음을 슬퍼하여 몸이 몹시 야위는 것을 뜻한다.

羸_파리할 리/ 지치다, 고달프다.

종권從權: 여기서 權은 권도權道, 곧 어떤 일을 이루기 위하여 그때그때의 사정이나 형편에 따라 임기응변으로 일을 처리하는 방도를 가리킨다. 본문에서는 '권도를 따른다'는 직역 대신에 문맥을 살려 '융통성 있게 처신함'으로 의역하였다.

瘠_여윌 척/ 메마르다, 파리하다.

訃_부고 부/ 죽음을 알리는 소식// 이르다, 일컫다.

奔_달릴 분/ 급히 가다, 도망가다, 달아나다.

자최齊衰: 올이 굵은 거친 삼베로 지은 상복으로 조선시대 상례喪禮의 오복五服 중 하나다. 옷의 끝단을 꿰맨 형태가 그 특징이며, 부모상에는 삼 년, 조부모 상에는 일 년, 증조부모 상에는 다섯 달, 처상妻喪에는 일 년을 입는다. '옷자락, 윗옷'을 뜻할 때 齊는 '자'로 읽는다.

강대공降大功: 대공복大功服으로 낮춰짐을 뜻한다. 대공복은 사촌의 형제자매, 출가한 고모나 자매, 맏며느리를 제외한 며느리들, 맏손자와 맏손녀를 제외한 손자손녀들, 조카 며느리 등을 이르는 대공친大功親의 상사에 아홉 달 동안 입는 상복을 가리킨다.

사우지의師友之義: 義는 혈연이 아닌 사람과 맺는, 혈연과 같은 관계를 뜻한다. 본문에서는 '의로 맺은 관계'로 풀이했다.

상지지분相知之分: 여기서 分은 서로 관계를 맺게 되는 인연, 곧 연분緣分을 뜻한다.

심상心喪: 상복을 입지 않으나 거상居喪 중인 사람처럼 언행을 삼가고 조심하는 것이다.

遭_만날 조/ (나쁜 일을) 당하다.

朔_초하루 삭/ 처음, 시초// 시작되다, 생겨나다.

유고有故: 특별한 사정을 뜻한다.

文解

사람이 부모의 상을 당했을 경우에, 효성이 지극하지 못하여 예법을 따르지 못하는 이는 굳이 말할 것도 없거니와, 간혹 타고난 바탕은 훌륭하나 배우지 못한 이가 있어, 다만 예법을 행하는 일이 효가 되는 줄 알고, 제 생명을 상하게 하는 일은 그릇됨을 알지 못하여, 슬퍼하고 몸 야윈 것이 지나쳐 이미 파리한 병세가 나타났는데도, 차마 융통성 있게 처신하지 못하여 목숨을 잃는 지경에 이른 이도 어쩌다 생기니, 매우 애석하기만 하다.

이러한 까닭으로 아주 여위어 생명을 상하게 하는 짓을 군자는 불효라고 말한다.

무릇 상복을 입어야 하는 친척의 상에, 만약 다른 곳에서 부고를 들었거든, 신위神位를 갖추어 놓고서 곡을 해야 하니, 만약 초상에 급히 간다면 그 집에 이르러서 성복하고, 만약 초상에 급하게 가지 않는다면 나흘 만에 성복한다.

만약 자최를 입어야 할 초상이면, 성복하기 전 사흘 동안에 아침저녁으로 신위를 모셔 놓고 모여서 곡을 한다. [자최가 대공복으로 낮춰진 경우에도 또한 같다.]

스승과 벗 중에서 의로 맺은 관계가 무거운 사람과, 친척들 가운데 상복을 입지 않으나 정이 두터운 사람과, 무릇 서로 알고 지내는 연분이 친밀한 사람은 모두, 그 상을 들은 날에, 만약 길이 멀어 그 초상에 찾아갈 수 없다면, 신위를 모셔 두고 곡을 한다.

스승은, 곧 그 정의의 깊고 얕음을 따라 혹은 심상 삼 년, 혹은 일 년, 혹은 구 개월, 혹은 오 개월, 혹은 삼 개월을 할 것이요, 벗은 비록 가장 귀중한 사이나 삼 개월을 넘지 않는다.

만약 스승의 상에 삼 년이나 일 년 복을 치르고자 하는 사람이 급히 초상에

갈 수 없거든, 마땅히 아침저녁으로 신위를 모셔 놓고 곡을 하여, 나흘 만에 그친다. [나흘째 아침에 그친다. 만약 정이 많은 관계일 경우라면 이 기한에 그치지 않는다.]

무릇 상복을 입게 된 이는 매월 초하루에 신위를 모셔 놓고 그 상례에 맞는 복을 입고 모여서 곡을 한다. [스승이나 친구로서 비록 복이 없으나 또한 이와 같다.]

달수가 이미 찼다면 다음달 초하루에 신위를 모셔 두고 그 복을 입고 모여 곡하고 나서 벗어야 할 것이니, 그 사이에 슬픔이 찾아오면 곡하는 것이 옳다.

무릇 대공 이상의 상은, 장사를 지내기 전엔 특별한 사정이 아니거든 집 밖으로 나가선 안 되며, 또 다른 사람을 조문해서도 안 될 것이요, 항상 초상을 잘 치르도록 함으로써 예법을 배우기에 힘써야 한다.

漢字練習

毁

헐 훼

羸

파리할 리

瘠

여윌 척

訃

부고 부

奔

달릴 분

遭

만날 조

朔

초하루 삭

文章練習

人之居喪에 誠孝不至하여 不能從禮者는 固不足道矣이니와 間有質美而未學者하여 徒知執禮之爲孝하고 而不知傷生之失正하여 過於哀毁하여 羸疾已作호되 而不忍從權하여 以至滅性者도 或有之하니 深可惜也라.

是故로 毁瘠傷生을 君子謂之不孝니라.

凡有服親戚之喪에 若他處聞訃어든 則設位而哭이니 若奔喪이면 則至家而成服하고 若不奔喪이면 則四日成服이니라.

若齊衰之服이면 則未成服前三日中에 朝夕爲位하고 會哭이니라. [齊衰 降大功者도 亦同이라.]

師友之義重者와 及親戚之無服而情厚者와 與凡相知之分密者는 皆於聞喪之日에 若道遠하여 不能往臨其喪이면 則設位而哭이니라.

師는 則隨其情義深淺하여 或心喪三年 或期年或九月 或五月 或三月이요 友는 則雖最重이나 不過三月이니라.

若師喪에 欲行三年期年者가 不能奔喪이어든 則當朝夕設位而哭하여 四日而止니라. [止於四日之朝라. 若情重者는 則不止此限이라.]

凡遭服者는 每月朔日에 設位하고 服其服하고 而會哭하니라. [師友는 雖無服이나 亦同이라.]

月數旣滿이면 則於次月朔日에 設位하고 服其服하고 會哭而除之니 其間에 哀至則哭이 可也니라.

凡大功以上喪은 則未葬前엔 非有故어든 不可出入이며 亦不可弔人이요 常以治喪講禮爲事니라.

祭禮章 第七

祭祀는 當依家禮하여 必立祠堂하여 以奉先主하고 置祭田하고
제사 당의가례 필립사당 이봉선주 치제전

具祭器하여 宗子主之니라.
구제기 종자주지

主祠堂者는 每晨에 謁于大門之內하여 再拜하고 [雖非主人
주사당자 매신 알우대문지내 재배 수비주인

이라도 隨主人하여 同謁無妨이니라.] 出入必告이니라.
수주인 동알무방 출입필고

或有水火盜賊이면 則先救祠堂하여 遷神主遺書하고 次及
혹유수화도적 즉선구사당 천신주유서 차급

祭器然後에 及家財니라.
제기연후 급가재

正[正朝]至[冬至]朔[一日]望[十五日]엔 則參하고 俗節엔
정 정조 지 동지 삭 일일 망 십오일 즉참 속절

則薦以時食이니라.
즉천이시식

時祭엔 則散齋四日하고 致齋三日하며 忌祭엔 則散齋二日하고
시제 즉산재사일 치재삼일 기제 즉산재이일

致齋一日하며 參禮엔 則齋宿一日이니 所謂散齋者는 不弔喪
치재일일 참례 즉재숙일일 소위산재자 부조상

하고 不問疾하고 不茹葷하고 飮酒不得至亂하며 凡凶穢之事를
불문질 불여훈 음주부득지란 범흉예지사

皆不得預요 [若路中에 猝遇凶穢면 則掩目而避하여 不可視也니
개부득예 약도중 졸우흉예 즉엄목이피 불가시야

라.] 所謂致齋者는 不聽樂하며 不出入하고 專心想念所祭之人
소위치재자 불청악 불출입 전심상념소제지인

하여 思其居處하며 思其笑語하며 思其所樂하며 思其所嗜
사기거처 사기소어 사기소요 사기소기

之謂也라.
지위야

夫然後에 當祭之時하여 如見其形하고 如聞其聲하여 誠至
부연후 당제지시 여견기형 여문기성 성지

而神享也니라.
이신향야

凡祭는 主於盡愛敬之誠而已니 貧則稱家之有無하고 疾則
범제 주어진애경지성이이 빈즉칭가지유무 질즉

量筋力而行之호되 財力可及者는 自當如儀니라.
량근력이행지 재력가급자 자당여의

字解

사당祠堂: 조상의 신주神主를 모셔 놓은 집.

선주先主 : 선대의 신주를 가리킨다.

제전祭田: 조상의 제사를 모시기 위해, 그 비용을 마련하려고 경작하던 토지.

종자宗子: 종가의 맏아들.

정지正至: 정월 초하루(설날)과 동지.

삭망朔望: 음력 초하룻날과 보름날.

參_석 삼/ 별 이름.

_참여할 참/ 간여하다. 뵈다, 뵙다.

속절俗節: 제삿날 말고, 이를테면 대보름, 한식, 단오, 추석 등 철이 바뀔 때마다 조상에게 차례를 지내는 날을 뜻한다.

시제時祭: 해마다 음력 2월, 5월, 8월, 11월에 사당에 지내는 제사, 또는 해마다 음력 10월에 5대 이상의 조상 무덤에 지내는 제사를 아울러 가리킨다.

산재散齋: 제사 지내기 전에 목욕재계하며 몸가짐을 삼가던 일을 말한다.

치재致齋: 제사를 주관하는 사람이 제사를 시작하는 날부터 제사를 마친 다음 날까지 사흘 동안 몸을 깨끗이 하고 삼가는 것을 이른다.

기제忌祭: 해마다 사람이 죽은 날에 지내는 제사.

참례參禮 : 다례茶禮라고도 한다. 설날과 동지, 음력 초하룻날과 보름날, 조상의 생일 등 사당에서 음식을 차려놓고 낮에 지내는 제사.

재숙齋宿: 제사를 주관하는 사람이 몸가짐을 삼가며 밤을 지내는 일.

茹_먹을 여/ 나물을 먹다 // 채소.

葷_훈채 훈/ 마늘과 파처럼 냄새 나는 채소.

穢_더러울 예/ 더럽히다.

預_맡길 예/ 참여하다, 관계하다// 미리, 사전에.

猝_갑자기 졸// 갑작스럽다.

掩_가릴 엄/ 숨기다.

所_바 소/ 곳, 것, 경우// 所 뒤에 오는 동사는 '~이 되다', '~을 당하다', 곧 문맥상 피동의 뜻을 갖는다.

신향神享: 神은 '삼가다'는 뜻으로, 享은 '제사 지내다'는 뜻으로 풀이했다.

가지유무家之有無: '집안 형편'으로 의역했다.

文解

제사는 마땅히 〈가례〉에 의거하여, 반드시 사당을 세워 선대의 신주를 받들고, 제전을 두고, 제기를 갖춰, 종갓집 맏아들이 그것들을 주관해야 한다.

사당을 책임지는 이는 날마다 새벽에 대문 안으로 찾아뵙도록 하여 두 번 절하고 [비록 주인이 아니라도, 주인을 따라 같이 찾아뵙어도 괜찮다.] 출입할 때는 반드시 아뢰어야 한다.

혹 수재水災나 화재火災, 도적이 있으면 먼저 사당을 구하여 신주와 선대가 남긴 책을 옮기고, 다음으로 제기를 옮긴 뒤에, 집안의 재물을 옮겨야 한다.

정월 [설날 아침]과 동지, 매달 음력 초하룻날과 보름날엔 찾아뵙고, 속절엔 제철 음식을 올린다.

시제엔 산재를 나흘 하고 치재를 사흘 하며, 기제엔 산재를 이틀 하고 치재를 하루 하며, 참례엔 몸가짐을 삼가면서 전날 하루를 보내야 하니, 이른바 산재란 것은, 다른 사람의 초상에 조문하지 않고, 병을 앓고 있는 사람을 방문하지 않고, 냄새 나는 채소를 먹지 않고, 술을 마셔도 함부로 취하지 않으며, 무릇 흉하고 더러운 일을 모두 관계하지 않는 것이요, [만약 길 가운데서 갑자기 흉하고 더러운 일을 만났다면 눈을 가린 채 피하여 보지 말아야 한다.] 이른바 치재란 것은, 음악을 듣지 않으며, 출입하지 않고, 마음속으로 오로지 제사 받으실 분만을 생각하여, 그 사셨던 모습을 그리며, 그 웃으며 하신 말씀을 그리며, 그 좋아하시던 일을 그리며, 그 즐기시던 일을 생각하는 것을 말한다.

그런 뒤에 제사 때를 맞이하여 그 모습을 보는 듯하고 그 목소리를 듣는 듯하여 정성이 지극해져서 삼가 제사 지낸다.

무릇 제사는 사랑하고 공경하는 마음의 정성을 다하는 것에 중심이 있으니, 가난하면 집안 형편에 맞추고, 병환 있으면 근력을 헤아려서 치르되,

재력이 미치는 사람은 스스로 마땅히 예법대로 해야 한다.

漢字練習

參

석 삼

茹

먹을 여

葷

훈채 훈

穢

더러울 예

預

맡길 예

猝

갑자기 졸

掩

가릴 엄

文章練習

祭祀는 當依家禮하여 必立祠堂하여 以奉先主하고

置祭田하고 具祭器하여 宗子主之니라.

主祠堂者는 每晨에 謁于大門之內하여 再拜하고 [雖非

主人이라도 隨主人하여 同謁無妨이니라.] 出入必告이니라.

或有水火盜賊이면 則先救祠堂하여 遷神主遺書하고

次及祭器然後에 及家財니라.

正[正朝]至[冬至]朔[一日]望[十五日]엔 則叅하고

俗節엔 則薦以時食이니라.

時祭엔 則散齋四日하고 致齋三日하며 忌祭엔 則散齋

二日하고 致齋一日하며 叅禮엔 則齋宿一日이니 所謂

散齋者는 不弔喪하고 不問疾하고 不茹葷하고 飮酒不得至亂하며 凡凶穢之事를 皆不得預요 [若路中에 猝遇凶穢면 則掩目而避하여 不可視也니라.] 所謂致齋者는 不聽樂하며 不出入하고 專心想念所祭之人하여 思其居處하며 思其笑語하며 思其所樂하며 思其所嗜之謂也라.

夫然後에 當祭之時하여 如見其形하고 如聞其聲하여 誠至而神享也니라.

凡祭는 主於盡愛敬之誠而已니 貧則稱家之有無하고 疾則量筋力而行之호되 財力可及者는 自當如儀니라.

墓祭와 忌祭를 世俗으론 輪行하니 非禮也라. 墓祭는 則雖
묘제 기제 세속 윤행 비례야 묘제 즉수
輪行이라도 皆祭于墓上하니 猶之可也어니와 忌祭는 不祭于
륜행 개재우묘상 유지가야 기제 부제우
神主하고 而乃祭于紙榜하니 此甚未安이라.
신주 이내제우지방 차심미안

雖不免輪行이나 須具祭饌하여 行于家廟이 庶乎可矣리라.
수불면륜행 수구제찬 행우가묘 서호가의

喪祭二禮는 最是人子致誠處也라. 已沒之親을 不可追養이니
상제이례 최시인자치성처야 기몰지친 불가추양
若非喪盡其禮하고 祭盡其誠이면 則終天之痛을 無事可寓요
약비상진기례 제진기성 즉종천지통 무사가우
無時可洩也니 於人子之情에 當如何哉아.
무시가설야 어인자지정 당여하재

曾子曰 愼終追遠이면 民德歸厚矣라 하시니 爲人子者所當
증자왈 신종추원 민덕귀후의 위인자자소당
深念也니라.
심념야

今俗이 多不識禮하여 其行祭之儀 家家不同하니 甚可笑也라.
금속 다불식례 기행제지의 가가부동 심가소야

若不一裁之以禮면 則終不免紊亂無序하여 歸於夷虜
약불일재지이례 즉종불면문란무서 귀어이로
之風矣리라.
지풍의

玆鈔祭禮하여 附錄于後하고 且爲之圖하노니 須詳審倣行호되
자초제례 부록우후 차위지도 수상심방행
而若父兄不欲이어시든 則當委曲陳達하여 期於歸正이니라.
이약부형불욕 즉당위곡진달 기어귀정

字解

묘제墓祭: 속절묘제俗節墓祭, 곧 속절에 묘소에 지내는 제사를 말한다. 속절俗節은 바로 앞의 자해字解를 참조할 것.

輪_바퀴 륜/ 수레// 돌다, 구르다.

윤행輪行: 윤행봉사輪行奉祀, 자손들이 돌아가면서 제사를 지내는 것을 가리킨다.

榜_방 붙일 방/ 알리다// 방문榜文(사람들이 많이 모이는 곳에 써 붙이는 글).

지방紙榜 : 종잇조각에 지방문을 써서 만든 신주神主.

饌_반찬 찬/ 음식.

가묘家廟: 한집안의 사당祠堂.

종천지통終天之痛: 세상이 끝날 때까지 오래가는 고통을 이른다. 본문에서는 '죽을 때까지'로 의역했다.

洩_샐 설/ (비밀이) 흘러나오다, 누설되다, (원한, 울분 따위를) 풀다, 발산하다.

신종愼終: 초상을 당해 삼가 그 예를 다함을 뜻한다.

추원追遠: 조상을 추모하여 제사에 정성을 다하는 것을 말한다.

※ 〈논어論語〉 학이學而편 제9장, 주자의 註에 다음과 같은 구절이 있다.

愼終者 喪盡其禮 追遠者 祭盡其誠

裁_마를 재/ (옷을) 짓다, (치수에 맞게) 자르다, 결단하다, 분별하다.

虜_사로잡을 로/ 생포하다// 포로, 오랑캐.

鈔_노략질할 초/ 초록抄錄하다(필요한 부분만을 뽑아서 적음).

文解

묘제와 기제를 세상 풍속으론 자손이 돌아가면서 지내니, 이는 예가 아니다. 묘제는 비록 돌아가며 지내더라도 모두 묘 앞에서 제사지내니 오히려 괜찮거니와, 기제는 신주에게 제사지내지 않고 지방에 제사지내니, 이것은 몹시 못마땅스럽다.

비록 윤행을 면하지 못하나 모름지기 제사 음식을 갖춰 한집안의 사당에서 치르는 것이 거의 옳으리라.

상례와 제례 이 두 가지 예법은 사람의 자식으로서 가장 정성을 다해야 할 바이다. 이미 돌아가신 어버이를 봉양하려고 해도 할 수 없으니, 만약 초상이 그 예를 다하는, 제사가 그 정성을 다하는 그러한 것이 아니라면, 죽을 때까지 오래가는 비통함을 의탁할 만한 일이란 없을 것이요, 풀어버릴 만한 시간이란 없을 것이니, 사람의 자식 된 심정에 마땅히 어떠하겠는가?

증자께서 말씀하시길 "초상을 당해 삼가 그 예를 다하고 조상을 추모하여 제사에 정성을 다하면, 백성의 덕이 두터워질 것이다."고 하셨으니, 사람의 자식 된 자로서 마땅히 깊이 생각해야 할 바이다.

오늘날 속인이 많이들 예법을 알지 못하여 그 제사 치르는 의식이 집집마다 같지 않으니 매우 웃을 만한 일이다. 만약 예법으로써 그것을 한 가지로 마름하지 않는다면, 문란하고 무질서하여 오랑캐의 풍속으로 돌아가는 것을 마침내 면치 못할 것이다.

이에 제례를 초록하여 뒤에 덧붙이고 또 그림으로 그려놓았으니, 반드시 자세히 살펴서 따라하되, 만약 아버지와 형이 그렇게 하려고 하지 않으시거든 마땅히 자세히 사정을 말씀드려 바른길로 돌아오도록 기다려야 한다.

漢字練習

輪								

바퀴 륜

榜								

방 붙일 방

饌								

반찬 찬

洩								

샐 설

裁								

마를 재

虜								

노략질할 초

鈔								

노략질할 초

文章練習

墓祭와 忌祭를 世俗으로 輪行하니 非禮也라. 墓祭는 則雖輪行이라도 皆祭于墓上하니 猶之可也어니와 忌祭는 不祭于神主하고 而乃祭于紙榜하니 此甚未安이라. 雖不免輪行이나 須具祭饌하여 行于家廟이 庶乎可矣리라. 喪祭二禮는 最是人子致誠處也라. 已沒之親을 不可追養이니 若非喪盡其禮하고 祭盡其誠이면 則終天之痛을 無事可寓요 無時可洩也니 於人子之情에 當如何哉아.

曾子曰 愼終追遠이면 民德歸厚矣라 하시니 爲人子者所當深念也니라.

今俗이 多不識禮하여 其行祭之儀 家家不同하니 甚可笑也라.

若不一裁之以禮면 則終不免紊亂無序하여 歸於夷虜之風矣리라.

玆鈔祭禮하여 附錄于後하고 且爲之圖하노니 須詳審倣行호되 而若父兄不欲이어시든 則當委曲陳達하여 期於歸正이니라.

居家章 第八

凡居家엔 當謹守禮法하여 以率妻子及家衆이니 分之以職
범거가 당근수례법 이솔처자급가중 분지이직
하고 授之以事하여 而責其成功하며 制財用之節하여 量入而爲出
수지이사 이책기성공 제재용지절 양입이위출
하며 稱家之有無하여 以給上下之衣食과 及吉凶之費하되
칭가지유무 이급상하지의식 급길흉지비
皆有品節하여 而莫不均一하며 裁省冗費하고 禁止奢華하여
개유품절 이막불균일 재생용비 금지사화
常須稍存贏餘하여 以備不虞니라.
상수초존영여 이비불우

冠婚之制는 當依家禮요 不可苟且從俗이니라.
관혼지제 당의가례 불가구차종속

兄弟는 同受父母遺體하여 與我如一身하니 視之를 當無
형제 동수부모유체 여아여일신 시지 당무
彼我之間하여 飮食衣服有無를 皆當共之니라.
피아지간 음식의복유무 개당공지

設使兄飢而弟飽하고 弟寒而兄溫이면 則是一身之中에
설사형기이제포 제한이형온 즉시일신지중
肢體或病或健也니 身心이 豈得偏安乎아.
지체혹병혹건야 심신 기득편안호

今人이 兄弟不相愛者는 皆緣不愛父母故也라.
금인 형제불상애자 개연불애부모고야

若有愛父母之心이면 則豈可不愛父母之子乎아.
약유애부모지심 즉기가불애부모지자호

兄弟若有不善之行이면 則當積誠忠諫하여 漸喩以理하여
형제약유불선지행 즉당적성충간 점유이리

期於感悟요 不可遽加厲色拂言하여 以失其和也니라.
기어감오 불가거가려색불언 이실기화야

今之學者는 外雖矜持나 而內鮮篤實하여 夫婦之間에 衽席之上에 多縱情慾하여 失其威儀라. 故로 夫婦不相昵狎하고 而能相敬者가 甚少하니 如是而欲修身正家인들 不亦難乎아.
금지학자 외수긍지 이내선독실 부부지간 임석 지상 다종정욕 실기위의 고 부부불상닐압 이능상경자 심소 여시이욕수신정가 불역난호

必須夫和하나 而制以義하며 妻順하나 而承以正하며 夫婦之間에 不失禮敬然後에 家事이 可治也리라.
필수부화 이제이의 처순 이승이정 부부 지간 불실례경연후 가사 가치야

若從前相狎이라가 而一朝에 遽欲相敬이면 其勢難行이니 須是與妻相戒하여 必去前習하고 漸入於禮이 可也니라.
약종전상압 이일조 거욕상경 기세난행 수시여처상계 필거전습 점입어례 가야

字解

품절品節: 품급品級과 제한制限.

冗_쓸데없을 용/ 무익하다.

省_살필 성/ 깨닫다// 관청. 관아.

_덜 생/생략하다.

재생裁省: 깎아서 덜어냄을 말한다.

羸_남을 영/ 나머지, 잉여.

불우不虞: 미처 생각하지 못하거나 그런 일을 뜻한다.

관혼지제冠婚之制 : 남자가 성년에 이르러 어른이 된다는 뜻으로 상투를 틀고 갓을 쓰게 하던 예식인 관례와 혼인 의식인 혼례, 이 두 제도를 아울러 말한다.

피아지간彼我之間: 저편과 이편, 또는 그와 나 사이의 차이를 이른다.

설사設使: 가정해서 말한다면, 가령, 만약.

적성積誠: 오랫동안 정성을 들이는 것을 뜻한다.

遽_급히 거/ 갑자기// 갑작스럽다.

拂_떨칠 불/ 사악함을 털다, 거스르다.

긍지矜持: 矜은 '엄숙하다'는 뜻으로, 持는 '지키다', '유지하다'는 뜻으로 풀이했다.

임석衽席: 부부가 동침하는 잠자리를 가리킨다.

昵_친할 닐/ 친근하다, 친절하다.

狎_익숙할 압/ 희롱하다, 업신여기다, 버릇없게 굴다.

文解

무릇 집에서 지낼 적엔 마땅히 예법을 삼가 지켜, 처자와 집안 식솔들을 거느려야 할 것이니, 그들에게 직책을 나눠주고 할일을 맡겨서 그 성공은 책임지게 하며, 재물의 씀씀이에 절제하도록 하여 수입을 헤아리고 지출하게 하며, 집안 형편에 맞춰 윗사람과 아랫사람의 옷과 음식 및 길사와 흉사의 비용을 대되, 모두 품급과 제한을 두어 한결같이 고르게 하며, 쓸데없는 비용을 깎아서 덜어내고 분에 넘치는 사치를 금지하여 항상 모름지기 쓰고 남는 부분을 미리미리 보존하여 미처 생각하지 못한 일에 대비해야 한다.

관례와 혼례의 제도는 마땅히 〈가례〉를 따라야 할 것이요, 구차하게 세상의 풍속을 따라선 안 된다.

형제는 부모가 남겨 주신 몸을 함께 받아 나와 더불어 한 몸과 같으니, 형제 보기를 마땅히 그와 나 사이의 차이가 없게 하여, 음식과 의복의 형편을 모두 마땅히 같게 해야 한다.

가령 형은 굶주리는데 동생은 배부르고, 동생은 추운데 형은 따뜻하다면, 이는 제 한 몸 가운데서 팔다리에 어디는 병들고 어디는 건강한 것이니, 몸과 마음이 어찌 한쪽만 편안할 수 있겠는가?

지금 사람들이, 형제가 서로 사랑하지 않는 것은 모두 부모를 사랑하지 않는 까닭에서 말미암는다.

만약 부모를 사랑하는 마음이 있다면 어찌 그 부모의 자식을 사랑하지 않을 수 있겠는가?

형제가 만약 착하지 않은 행실을 한다면 마땅히 오랫동안 정성을 들여 진심으로 그 잘못을 일러주어, 차츰 사리로써 깨닫게 하여, 느껴 깨우치길 기다릴 것이요, 갑자기 노여운 얼굴빛과 거슬린 말을 하여 그 형제간의 화합을 잃어선 안 된다.

지금의 학자들은 겉으로는 비록 엄숙한 모습을 지키지만 속으로는 독실함이 적어, 부부 사이 동침하는 잠자리에서 흔히들 정욕에 방종하여 그 위엄스런 태도를 잃는다. 그러므로 부부가 서로 친하면서도 버릇없게 굴지 않고 서로 공경할 수 있는 사람은 아주 드무니, 이처럼 하면서 제 몸을 닦으며 제 집을 바루고자 한들 또한 어렵지 않겠는가?

반드시 남편은 아내와 서로 뜻을 맞추도록 하나 의로움으로써 바로잡으며 아내는 남편을 따르나 올바름으로써 받들며, 부부 사이에 예의와 공경을 잃지 않은 뒤에 집안일이 다스려질 수 있다.

만약 이제껏 서로 버릇없게 굴다가 하루아침에 갑자기 서로 공경하고자 한다면, 그 형세가 실행하기 어려우니, 모름지기 아내와 서로 조심하여 반드시 이전의 습관을 버리고 차츰 예를 받아들이는 것이 옳다.

漢字練習

冗

쓸데없을 용

省

살필 성

贏

남을 영

遽

급히 거

拂

떨칠 불

昵

친할 닐

狎

익숙할 압

文章練習

凡居家엔 當謹守禮法하여 以率妻子及家衆이니 分之以職하고 授之以事하여 而責其成功하며 制財用之節하여 量入而爲出하며 稱家之有無하여 以給上下之衣食과 及吉凶之費하되 皆有品節하여 而莫不均一하며 裁省冗費하고 禁止奢華하여 常須稍存贏餘하여 以備不虞니라.

冠婚之制는 當依家禮요 不可苟且從俗이니라.

兄弟는 同受父母遺體하여 與我如一身하니 視之를 當無彼我之間하여 飮食衣服有無를 皆當共之니라.

設使兄飢而弟飽하고 弟寒而兄溫이면 則是一身之

中에 肢體或病或健也니 身心이 豈得偏安乎아.

今人이 兄弟不相愛者는 皆緣不愛父母故也라.

若有愛父母之心이면 則豈可不愛父母之子乎아.

兄弟若有不善之行이면 則當積誠忠諫하여 漸喩以理하여 期於感悟요 不可遽加厲色拂言하여 以失其和也니라.

今之學者는 外雖矜持나 而內鮮篤實하여 夫婦之間에 衽席之上에 多縱情慾하여 失其威儀라. 故로 夫婦不相昵狎하고 而能相敬者가 甚少하니 如是而欲修身正家인들 不亦難乎아.

必須夫和하나 而制以義하며 妻順하나 而承以正하며

夫婦之間에 不失禮敬然後에 家事이 可治也리라.

若從前相狎이라가 而一朝에 遽欲相敬이면 其勢難行이니 須是與妻相戒하여 必去前習하고 漸入於禮이可也니라.

妻若見我發言持身이 一出於正이면 則必漸相信하여 而順
처약견아발언지신 일출어정 즉필점상신 이순

從矣리라.
종의

生子에 自稍有知識時로 當導之以善이니 若幼而不教하고
생자 자초유지식시 당도지이선 약유이불교

至於旣長이면 則習非放心하여 教之甚難이니 教之之序는
지어기장 즉습비방심 교지심난 교지지서

當依小學이니라.
당의소학

大抵一家之內에 禮法興行하고 簡編筆墨之外에 無他雜技면
대저일가지내 예법흥행 간편필묵지외 무타잡기

則子弟亦無外馳畔學之患矣리라.
즉자제역무외치반학지환의

兄弟之子는 猶我子也니 其愛之하고 其教之하여 當均一이요
형제지자 유아자야 기애지 기교지 당균일

不可有輕重厚薄也니라.
불가유경중후박야

婢僕은 代我之勞하니 當先恩而後威라야 乃得其心이니
비복 대아지로 당선은이후위 내득기심

君之於民과 主之於僕에 其理一也라. 君不恤民이면 則民散
군지어민 주지어복 기리일야 군불휼민 즉민산

이니 民散이면 則國亡하며 主不恤僕이면 則僕散이니 僕散
민산 즉국망 주불휼복 즉복산 복산

이면 則家敗는 勢所必至라. 其於婢僕에 必須軫念飢寒하여
즉가패 세소필지 기어비복 필수진념기한

資給衣食하여 使得其所하고 而有過惡이면 則先須勤勤教誨
자급의식 사득기소 이유과악 즉선수근근교회

하여 使之改革하고 教之不改然後에 乃施楚撻하여 使其心으로
사지개혁 교지불개연후 내시초달 사기심

知厥主之楚撻이 出於教誨요 而非所以憎嫉이니 然後에
지궐주지초달 출어교회 이비소이증질 연후

可使改心革面矣리라.
가사개심혁면의

治家에 當以禮法으로 辨別內外하여 雖婢僕이라도 男女
치가 당이례법 변별내외 수비복 남녀

不可混處니 男僕은 非有所使令이면 則不可輒入內하고 女僕은
불가혼처 남복 비유소사령 즉불가첩입내 여복

皆當使有定夫하여 不可使淫亂이니 若淫亂不止者는 則當
개당사유정부 불가사음란 약음란부지자 즉당

黜使別居하여 毋令汚穢家風이니라.
출사별거 무령오예가풍

婢僕도 當令和睦이요 若有鬪鬩喧噪者어든 則當痛加禁制
비복 당령화목 약유투혁훤조자 즉당통가금제

니라.

君子는 憂道요 不當憂貧이나 但家貧하여 無以資生이면 則
군자 우도 부당우빈 단가빈 무이자생 즉

雖當思救窮之策이나 亦只可免飢寒而已요 不可存居積豐
수당사구궁지책 역지가면기한이이 불가존거적풍

足之念이며 且不可以世間鄙事로 留滯于心胸之間이니라.
족지념 차불가이세간비사 유체우심흉지간

字解

지신持身: 제 몸의 처신을 뜻한다.

방심放心: 마음을 놓아버림. 본문에선 '마음을 다잡지 못하다'로 풀이했다.

抵_막을 저/ 거스르다, 배척하다, 거절하다, 해당하다.

대저大抵: 대체로 보아서.

흥행興行: 힘써 행하다.

간편필묵簡編筆墨: 簡編은 서적을, 筆墨은 붓과 먹을 가리킨다. 곧 책 읽기와 글쓰기를 이른다.

畔_밭두둑 반/ 밭두렁// 배반하다.

외치外馳: 글자 뜻 그대로 '밖으로 달리다, 향하다'로 풀이할 수 있으나 문맥을 살려 '바깥으로 싸돌아다니다'로 의역했다.

軫_수레 뒤턱 나무 진/ 진성(별의 이름)// 마음을 아파하다, 슬퍼하다.

진념軫念: 윗사람이 아랫사람의 사정을 걱정하여 생각하거나 임금이 신하나 백성의 사정을 걱정하여 근심하는 것을 이른다.

楚_초나라 초/ 회초리, 매// 매질하다.

撻_때릴 달/ 매질하다.

嫉_미워할 질/ 시새움하다.

混_섞을 혼/ 뒤섞다, 합하다, 흐리다, 혼탁하다.

輒_문득 첩/갑자기.

黜_내칠 출/ 물리치다.

鬩_다툴 혁/ 싸우다.

噪_떠들썩할 조/ 떠들다.

훤조喧噪: 시끄럽게 지껄이며 떠드는 것을 말한다.

금제禁制: 어떤 행위를 하지 못하도록 하는 것을 뜻한다.

자생資生: 생계를 꾸려 나감.

鄙_더러울 비/ 천하다, 속되다.

滯_막힐 체/ 머무르다, 버려지다.

유체留滯: 한곳에 오래 머물러 있는 것을 이른다.

胸_가슴 흉/ 마음.

文解

아내가 만약 내가 말하고 처신하는 일이 한결같이 올바름에서 나오는 모습을 본다면 반드시 차츰 서로 미더워하여 순순히 따르게 될 것이다.

자식을 낳은 경우에, 조금씩 지식을 갖추는 때부터 마땅히 착한 길로 이끌어야 하니, 만약 어려서 가르치지 않고 이미 성장하게 되었다면 그릇된 것을 익히고 마음을 다잡지 못하여, 가르치기가 몹시 어려우니, 가르치는 차례는 마땅히 〈소학〉을 따라야 한다.

대체로 보아 한집 안에 예법이 힘써 행해지고, 책 읽기와 글쓰기 말고 다른 잡기가 없으면, 자제들 또한 바깥으로 싸돌아다녀 배움을 저버리는 우환은 없을 것이다.

형제의 자식은 내 자식과 같으니, 마땅히 그를 사랑하고, 마땅히 그를 가르쳐서, 한결같이 똑같게 대해야 할 것이요, 가볍고 무거운, 후하고 박한 차별을 두어선 안 된다.

계집종과 사내종은 나의 수고로움을 대신하니 마땅히 고맙게 여기는 마음을 앞세우고 위엄을 뒤로 돌려야 비로소 그들의 마음을 얻을 것이니, 임금이 백성에 대한 것과 주인이 종에 대해서나 그 이치는 똑같다. 임금이 백성을 친애하지 않는다면 백성은 흩어질 것이니, 백성이 흩어지면 나라는 망하며, 주인이 종을 친애하지 않으면 종이 흩어질 것이니, 종이 흩어지면 집이 망하는 것은, 반드시 앞으로 그렇게 될 형세인 것이다. 그 비복에 대하여 반드시 그들의 굶주림과 추위를 걱정하여 옷과 음식을 베풀어주도록 하여 마땅한 거소를 얻게 해야 하고, 잘못과 악행이 있으면 먼저 모름지기 애써 부지런히 가르치고 타일러서 그들로 하여금 고치게 하고, 가르쳐도 고치지 않은 뒤에 회초리로 때려, 그들의 마음으로 하여금 그 주인의 회초리 매질이 가르치고 타이르는 데서 나온 것이요, 미워하기 때문이 아니라는 것을 알게 해야 하니, 그런 뒤에 마음을 고치고 표정을 바꾸게 할 수 있다.

집안을 다스리는 일에 마땅히 예법으로써 안채와 바깥채를 나눠서 구별하여, 비록 계집종과 사내종이라도 남녀가 섞여 살아선 안 되는 것이니, 남자 종은 시켜서 하는 일이 있지 않다면 갑자기 안채로 들어가선 안 되고, 여자 종은 모두 마땅히 정해진 지아비가 있게 하여, 음란해지지 않도록 해야 할 것이니, 만약 음란한 짓을 그치지 않는 이는 마땅히 내쳐 따로 살게 하여 가풍을 더럽히지 못하도록 해야 한다.

계집종과 사내종도 마땅히 화목하게 해야 할 것이요, 만약 싸우거나 다투고 시끄럽게 지껄이며 떠드는 이가 있거든 마땅히 매섭게 그러한 짓을 하지 못하게 해야 한다.

군자는 도를 근심할 것이요, 가난을 걱정해선 안 될 것이나, 다만 집이 가난하여 생계를 꾸려 나갈 수 없다면, 비록 마땅히 가난에서 벗어날 대책을 생각해야 하나, 또한 이는 굶주림과 추위를 면할 수 있을 뿐이요, 곡식을 쌓아둔 채 풍족하게 살려는 생각을 지녀선 안 되며, 또 세상 일반의 속된 일로써 가슴속에 오래 머물러 있게 해선 안 된다.

漢字練習

抵								

막을 저

畔								

밭두둑 반

軫								

수레 뒤턱 나무 진

楚								

초나라 초

撻								

때릴 달

嫉								

미워할 질

混								

섞을 혼

漢字練習

輒

문득 첩

黜

내칠 출

鬩

다툴 혁

噪

떠들썩할 조

鄙

더러울 비

滯

막힐 체

胸

가슴 흉

文章練習

妻若見我發言持身이 一出於正이면 則必漸相信하여

而順從矣리라.

生子에 自稍有知識時로 當導之以善이니 若幼而

不敎하고 至於旣長이면 則習非放心하여 敎之甚難니

敎之之序는 當依小學이니라.

大抵一家之內에 禮法興行하고 簡編筆墨之外에

無他雜技면 則子弟亦無外馳畔學之患矣리라.

兄弟之子는 猶我子也니 其愛之하고 其敎之하여 當

均一이요 不可有輕重厚薄也니라.

婢僕은 代我之勞하니 當先恩而後威라야 乃得其心

이니 君之於民과 主之於僕에 其理一也라.

君不恤民이면 則民散이니 民散이면 則國亡하며 主不恤僕이면 則僕散이니 僕散이면 則家敗는 勢所必至라.

其於婢僕에 必須軫念飢寒하여 資給衣食하여 使得其所하고 而有過惡이면 則先須勤勤教誨하여 使之改革하고 教之不改然後에 乃施楚撻하여 使其心으로 知厥主之楚撻이 出於教誨요 而非所以憎嫉이니 然後에 可使改心革面矣리라.

治家에 當以禮法으로 辨別內外하여 雖婢僕이라도 男女不可混處니 男僕은 非有所使令이면 則不可輒入內하고 女僕은 皆當使有定夫하여 不可使淫亂이니 若淫亂

不止者는 則當黜使別居하여 毋令汚穢家風이니라.

婢僕도 當令和睦이요 若有鬪鬩喧噪者어든 則當痛加禁制니라.

君子는 憂道요 不當憂貧이나 但家貧하여 無以資生이면 則雖當思救窮之策이나 亦只可免飢寒而已요 不可存居積豐足之念이며 且不可以世間鄙事로 留滯于心胸之間이니라.

古之隱者는 有織屨而食者와 樵漁而活者와 植杖而耘者
고지은자 유직구이식자 초어이활자 치장이운자
하니 此等人은 富貴不能動其心이라. 故로 能安於此하니
차등인 부귀불능동기심 고 능안어차
若有較利害하고 計豐約之念이면 則豈不爲心術之害哉아.
약유교리해 계풍약지념 즉기불위심술지해재
學者는 要須以輕富貴守貧賤爲心이니라.
학자 요수이경부귀수빈천위심

居家에 貧窶면 則必爲貧窶所困하여 失其所守者多矣라.
거가 빈구 즉필위빈구소곤 실기소수자다의
學者는 正當於此處用功이니 古人曰 窮視其所不爲하며
학자 정당어차처용공 고인왈 궁시기소불위
貧視其所不取라 하고 孔子曰 小人은 窮斯濫矣라 하시니 若動
빈시기소불취 공자왈 소인 궁사람의 약동
於貧窶하여 而不能行義면 則焉用學問爲哉리오.
어빈구 이불능행의 즉언용학문위재

凡辭受取與之際에 必精思義與非義하여 義則取之하고
범사수취여지제 필정사의여비의 의즉취지
不義則不取하여 不可毫髮放過니라.
불의즉불취 불가호발방과

若朋友는 則有通財之義하니 所遺를 皆當受로되 但我
약붕우 즉유통재지의 소유 개당수 단아
非乏而遺以米布면 則不可受也니라.
비핍이유이미포 즉불가수야

其他相識者면 則只受其有名之饋하고 而無名이면 則不
기타상식자 즉지수기유명지궤 이무명 즉불
可受也니 所謂有名者는 賻喪贐行助婚禮 周飢乏之類 是也라.
가수야 소위유명자 부상신행조혼례 조기핍지류 시야

若是大段惡人心所鄙惡者는 則其饋雖有名이라도 受之면
약시대단악인심소비오자 즉기궤수유명 수지

心必不安이리니 心不安이면 則不可抑而受之也니라.
심 필 불 안　　　심 불 안　　즉 불 가 억 이 수 지 야

孟子曰 無爲其所不爲하며 無欲其所不欲이라 하시니 此是
맹 자 왈　무 위 기 소 불 위　　　무 욕 기 소 불 욕　　　　　　차 시

行義之法也니라.
행 의 지 법 야

中朝엔 則列邑之宰有私俸이라. 故로 推其餘하여 可以
중 조　　즉 열 읍 지 재 유 사 봉　　　고　　추 기 여　　　가 이

周人之急矣어니와 我國은 則守令別無私俸하고 只以公穀
주 인 지 급 의　　　아 국　　즉 수 령 별 무 사 봉　　　지 이 공 곡

으로 應日用之需어늘 而若私與他人이면 則不論多少하고
응 일 용 지 수　　　이 약 사 여 타 인　　　즉 불 론 다 소

皆有罪譴하여 甚則至於犯贓하고 受者亦然하니 爲士
개 유 죄 견　　　심 즉 지 어 범 장　　　수 자 역 연　　　위 사

而受守令之饋면 則是乃犯禁也라.
이 수 수 령 지 궤　　즉 시 내 범 금 야

古者에 入國而問禁하니 則居其國者가 豈可犯禁乎아.
고 자　입 국 이 문 금　　　즉 거 기 국 자　　기 가 범 금 호

守令之饋는 大抵難受하니 若私與官庫之穀이면 則
수 령 지 궤　　대 저 난 수　　　약 사 여 관 고 지 곡　　　즉

不論人之親疏와 名之有無와 物之多寡하고 皆不可受也니라.
불 론 인 지 친 소　명 지 유 무　물 지 다 과　　　개 불 가 수 야

[若分厚邑宰하여 以衙中私財周急이면 則或可受也니라.]
약 분 후 읍 재　　　이 아 중 사 재 주 급　　　즉 혹 가 수 야

字解

屨_신 구/ 짚신, 가죽신// 신다.

樵_나무할 초/ 불태우다// 땔나무, 장작, 나무꾼.

植_심을 식/ 세우다, 수립하다, 번식하다// 식물.

_꽂을 치/ 두다, 기대다, 의지하다.

耘_김맬 운/ 없애다.

위심술지해爲心術之害: 心術을 '마음씀씀이'로 풀이하면, 곧 '마음씀씀이의 해로움을 끼친다'로 직역할 수 있다. 본문에서는 문맥을 살려 '마음씀씀이에 해롭다'로 의역했다.

窶_가난할 구.

濫_넘칠 람/ 퍼지다, 탐하다, (처신이나 행동을) 함부로 하다.

際_즈음 제/ 끝, 가, 사이, 때// 만나다, 사귀다.

饋_(음식을) 보낼 궤/ 권하다, 먹이다// 선사膳賜(보내준 음식 또는 물품).

賻_부의(상갓집에 부조로 보내는 돈이나 물품) 부// 부의하다.

부상賻喪: 상가에 보내는 부조를 가리킨다.

贐_전별할 신/ 전별하다(잔치를 베풀어 작별하다)// 예물.

신행贐行: 먼 길을 떠나는 사람에게 주는 노잣돈 따위.

조혼례助婚禮 : 혼례를 축하하기 위한 돈이나 선물 따위.

대단大段: '대강, 대략'의 뜻이다. 본문에선 '전체로 보아서' 또는 '일반적으로'의 뜻을 갖는 '대체로'로 의역했다.

중조中朝: 중국의 조정, 곧 중국을 가리킨다.

열읍列邑: 여러 고을.

사봉私俸: 俸은 벼슬아치에게 주던 급료를 말하며, 私는 公과 상반되는 의미를 갖는다.

수령守令: 조선시대에 각 고을을 맡아 다스리던 지방관을 통틀어 말한다.

공곡公穀 : 국가나 관청에서 소유하는 곡식을 가리킨다.

需_쓰일 수/ 쓰다, 구하다, 필요로 하다// 필요로 하는 물건.

譴_꾸짖을 견/ 혼내다, 책망하다// 꾸지람, 허물, 죄과.

죄견罪譴: 죄와 허물을 통틀어 가리킨다. 본문에선 '죄가 될 만한 허물'로 풀이했다.

贓_장물 장// (뇌물을) 받다, 수뢰하다.

衙_마을 아/ 대궐, 궁궐, 관청, 관아.

사재私財: 개인이 소유하는 재산, 곧 사유재산을 뜻한다.

文解

옛날 은자 중에는, 신을 만들어 먹고산 사람과, 땔나무를 하고 물고기를 잡아 생활한 사람과, 지팡이를 땅에 꽂아 놓고 김매며 산 사람이 있었는데, 이들은 부귀가 그들의 마음을 움직일 수 없었다. 그러므로 이에 편안할 수 있었으니, 만약 이익과 손해를 견주고 풍족과 빈곤을 따지는 생각이 있다면 어찌 마음씀씀이에 해롭지 않겠는가? 배우는 사람은 반드시 부귀를 가볍게 여기고 빈천을 지키는 것으로써 마음가짐을 삼아야 한다.

집에서 지낼 적에, 가난하면 반드시 가난에 시달리게 되어, 그 지키는 바를 잃어버린 사람이 많다. 배우는 사람은 이러한 처지에서도 노력해야 할 것이니, 옛사람이 말하길 "곤궁할 때는 그 사람이 하지 않은 행위를 살펴보며, 가난할 때는 그 사람이 취하지 않은 재물을 살펴본다"고 하였고, 공자께서 말씀하시길 "소인은 곤궁하면 함부로 처신한다"고 하셨으니, 만약 가난에 동요되어 의로움을 행할 수 없다면 학문을 해서 어디에 쓰겠는가?

무릇 사양하거나 받아들이며 제가 가지거나 남에게 줄 때에 반드시 의로운가, 또 의롭지 아니한가를 정밀하게 생각하여, 의로우면 취하고, 의롭지 않으면 취하지 아니하여, 터럭만큼도 그대로 지나쳐선 안 된다.

친구 사이는 재물을 융통하는 우의가 있어야 하니, 보내주는 것을 모두 마땅히 받아야 하되, 다만 내가 궁핍하지 않은데도 쌀과 베를 보내준다면 받아선 안 된다.

그 외 서로 알고 지내는 사람이라면, 명분이 있는 선물은 받고, 명분이 없으면 받아선 안 되니, 이른바 명분이 있다고 하는 경우는, 상갓집 부조, 노잣돈, 혼례 축하금이나 선물, 굶주림과 궁핍을 구하기 위한 구호비 또는 구호품 따위가 이것이다.

만일 대체로 악한 사람으로 마음에 더럽게 여기며 미워하는 경우는, 그

선물이 비록 명분이 있더라도 받으면, 마음이 반드시 편치 못하리니, 마음이 불안하면 물리치고 받지 말아야 한다.

맹자께서 말씀하시길 "그 하지 않아야 할 짓을 하지 말며, 그 바라지 않아야 할 일을 바라지 말라"고 하셨으니, 이것이 곧 의로움을 행하는 방법이다.

중국엔 여러 고을의 벼슬아치에게 사봉이 있었다. 그러므로 그 쓰고 남은 것을 뒤로 미뤄 두어 다른 사람의 급한 사정을 도와줄 수도 있었거니와, 우리나라는 수령에게 따로 사봉이 없었고, 다만 공곡으로써 일상의 필요를 맞췄거늘, 만약 사사로이 다른 사람에게 준다면 많고 적음을 따지지 않고, 모두 죄가 될 만한 허물이 있게 되어, 심하면 장물죄를 범하기에 이르고, 받은 사람도 또한 그러하니, 선비가 되어 수령의 선사품을 받는다면, 이것은 바로 법으로 금한 일을 저지른 것이다.

옛날에는 다른 나라 안으로 들어가면서 그 나라에서 금하는 일부터 물어보았으니, 자기 나라에서 사는 사람이 어찌 법으로 금지한 일을 저지를 수 있겠는가?

수령의 선사품은 대개 받기 어려우니, 만약 사사롭게 관가 창고의 곡식을 주는 것이라면, 사람 관계가 친하거나 소원하거나, 명분이 있거나 없거나, 물품이 많거나 적거나 따지지 않고 모두 받아선 안 된다. [만약 친분이 두터운 고을 벼슬아치가 관아에 있는 자기 사유재산으로써 급한 사정을 도와준다면 혹시 받을 수도 있다.]

漢字練習

屨

신 구

樵

나무할 초

植

심을 식

耘

김맬 운

窶

가난할 구

濫

넘칠 람

際

즈음 제

漢字練習

饋

보낼 궤

賻

부의 부

賮

전별할 신

需

쓰일 수

譴

꾸짖을 견

贓

장물 장

衙

마을 아

文章練習

古之隱者는 有織屨而食者와 樵漁而活者와 植杖而耘者하니 此等人은 富貴不能動其心이라. 故로 能安於此하니 若有較利害하고 計豊約之念이면 則豈不爲心術之害哉아. 學者는 要須以輕富貴守貧賤爲心이니라.

居家에 貧窶면 則必爲貧窶所困하여 失其所守者多矣라. 學者는 正當於此處用功이니 古人曰 窮視其所不爲하며 貧視其所不取라 하고 孔子曰 小人은 窮斯濫矣라 하시니 若動於貧窶하여 而不能行義면 則焉用學問爲哉리오.

凡辭受取與之際에 必精思義與非義하여 義則取之하고 不義則不取하여 不可毫髮放過니라.

若朋友는 則有通財之義하니 所遺를 皆當受로되 但我非乏而遺以米布면 則不可受也니라.

其他相識者면 則只受其有名之饋하고 而無名이면 則不可受也니 所謂有名者는 賻喪贐行助婚禮周飢乏之類 是也라.

若是大段惡人心所鄙惡者는 則其饋雖有名이라도 受之면 心必不安이리니 心不安이면 則不可抑而受之也니라.

孟子曰 無爲其所不爲하며 無欲其所不欲이라 하시니

此是行義之法也니라.

中朝엔 則列邑之宰有私俸이라.故로 推其餘하여 可以周人之急矣어니와 我國은 則守令別無私俸하고 只以公穀으로 應日用之需어늘 而若私與他人이면 則不論多少하고 皆有罪譴하여 甚則至於犯贓하고 受者亦然하니 爲士而受守令之饋면 則是乃犯禁也라.

古者에 入國而問禁하니 則居其國者가 豈可犯禁乎아.

守令之饋는 大抵難受하니 若私與官庫之穀이면 則不論人之親疏와 名之有無와 物之多寡하고 皆不可受也니라.[若分厚邑宰하여 以衙中私財周急이면 則或可受也니라.]

接人章 第九

凡接人에 當務和敬이니 年長以倍면 則父事之하고 十年
범접인 당무화경 연장이배 즉부사지 십년
以長이면 則兄事之하며 五年以長이면 亦稍加敬이며
이장 즉형사지 오년이장 역초가경
最不可恃學自高하여 尙氣陵人也니라.
최불가시학자고 상기릉인야

擇友에 必取好學好善하고 方嚴直諒之人하여 與之同處하며
택우 필취호학호선 방엄직량지인 여지동처
虛受規戒하여 以攻吾闕이니 若其怠惰好嬉하고 柔佞不直者는
허수규계 이공오궐 약기태타호희 유녕부직자
則不可交也니라.
즉불가교야

鄕人之善者는 則必須親近通情하고 而鄕人之不善者도
향인지선자 즉필수친근통정 이향인지불선자
亦不可惡言으로 揚其陋行이니 但待之泛然하여 不相往來
역불가악언 양기루행 단대지범연 불상왕래
니라. 若前日相知者는 則相見에 只敍寒暄하고 不交他語면
약전일상지자 즉상견 지서한훤 불교타어
則自當漸疎하여 亦不至於怨怒矣리라.
즉자당점소 역부지어원노의

同聲相應하며 同氣相求하나니 若我志於學問이면 則我
동성상응 동기상구 약아지어학문 즉아
必求學問之士요 學問之士도 亦必求我矣리라.
필구학문지사 학문지사 역필구아의

彼名爲學問이나 而門庭에 多雜客하여 喧囂度日者는 必
피명위학문 이문정 다잡객 훤효도일자 필

其所樂가 不在學問故也니라.
기 소 요　부 재 학 문 고 야

凡拜揖之禮는不可預定이니大抵父之執友는 則當拜요 洞內
범 배 읍 지 례　불 가 예 정　대 저 부 지 집 우　즉 당 배　동 내

年長十五歲以上者는 當拜요 爵階堂上而長於我十年以
년 장 십 오 세 이 상 자　당 배　작 계 당 상 이 장 어 아 십 년 이

上者는 當拜요 鄕人年長二十歲以上者는 當拜로되 而其間
상 자　당 배　향 인 년 장 이 십 세 이 상 자　당 배　이 기 간

高下曲折은 在隨時節中이요 亦不必拘於此例니 但常以
고 하 곡 절　재 수 시 절 중　역 불 필 구 어 차 례　단 상 이

自卑尊人底意思로 存諸胸中이 可也니라.
자 비 존 인 지 의 사　존 저 흉 중　가 야

字解

恃_믿을 시/ 의지하다, 자부하다.

상기尙氣: 화를 내거나 성내는 것을 뜻한다.

陵_언덕 릉/ 무덤// 오르다, 업신여기다, 범하다, 짓밟다.

諒_살펴 알 량/ 살피다, 믿다// 진실로, 참으로.

직량直諒: 정직하고 성실함을 뜻한다.

허수虛受: 빈 마음으로(겸허하게) 남의 말을 듣는 것을 이른다.

규계規戒: 바르게 경계하는 것을 말한다.

闕_대궐 궐/ 흠// 빠뜨리다, 이지러지다.

유녕柔佞: 듣기 좋은 말로 알랑거리는 짓을 가리킨다.

陋_더러울 루/ 천하다, 추하다, 볼품없다.

범연泛然: 보기에 차근차근한 맛이 없이 데면데면한 데가 있음을 뜻한다.

暄_온난할 훤/ 따뜻하다.

한훤寒暄: 춥고 더움을 뜻한다. 곧 날씨에 관해 묻는, 가벼운 인사말로 풀이할 수 있다.

문정門庭: 대문이나 중문 안에 있는 뜰을 가리킨다.

잡객雜客: 대수롭지 않은 손님을 말한다. 잡손님.

囂_시끄러울 효/ 떠들다.

배읍拜揖: 공손하게 읍함. 揖은 두 손을 맞잡아 얼굴 앞으로 들어 올리고 허리를 앞으로 굽혔다 펴는 공손한 인사법이다.

집우執友 : 아버지의 친구 또는 뜻을 같이하는 벗을 이른다.

文解

무릇 남과 사귐에 마땅히 서로 뜻이 조화되고 공경하도록 힘써야 할 것이니, 나이를 견주어 배로 많으면 아버지 대하듯 섬기고, 열 살 많으면 형을 대하듯 섬기며, 다섯 살 많으면 또한 얼마큼 공경을 더할 것이며, 가장 해선 안 될 일은 학문이 스스로 높다고 자부하여 화를 내거나 남을 업신여기는 것이다.

벗을 선택함에 반드시 학문을 좋아하며 선을 좋아하고, 바르며 엄하고 정직하며 성실한 사람을 취하여, 그 사람과 함께 같은 곳에서 거처하며, 겸허히 상대의 말을 듣고 바르게 경계하여 나의 흠을 닦아야 할 것이니, 만약 게으르기만 하고 놀기만 좋아하고, 듣기 좋은 말로 알랑거리면서 정직하지 못한 사람은 사귀지 말아야 한다.

마을 사람들 가운데 착한 이는 반드시 친하게 가까이 지내며 정을 통하고, 마을 사람들 중에 착하지 않은 이도 역시 나쁜 말로 그 사람의 더러운 행실을 드러나게 해선 안 될 것이니, 다만 대하는 것이 데면데면하게 하여 서로 왕래하지 않아야 한다. 만약 전날 서로 알고 지냈던 경우에는 서로 만났을 때 다만 날씨를 묻는, 가벼운 인사말을 하고 다른 말을 주고받지 않는다면, 스스로 마땅히 차츰 멀어지게 되어, 또 원망하거나 노여워하지 않게 될 것이다.

같은 소리는 서로 호응하며, 같은 기운은 서로 찾게 되니, 만약 내가 학문에 뜻을 둔다면, 나는 반드시 학문을 하는 선비를 찾게 될 것이요, 학문을 하는 선비도 또한 나를 찾게 될 것이다.

그가 학문을 한다고 이름났으나 집 안의 뜰에 잡손님이 붐벼, 시끄럽게 떠들며 세월을 보내는 사람은 반드시 그 좋아하는 바가 학문에 있지 않기 때문이다.

무릇 공손히 읍하는 예는 미리 정할 수 없으니, 대개 아버지의 친구면 마땅히 절을 해야 할 것이요, 동네 안에서 나이가 15세 이상인 이에게는 마땅히 절해야 할 것이요, 벼슬 품계가 당상이고 나보다 열 살 위인 사람에게는 마땅히 절을 해야 할 것이요, 마을 사람으로 나이가 스무 살 이상인 자에겐 마땅히 절하되, 그 사이에 높이고 낮추는 이런저런 사정은 때에 따라 알맞게 해야 할 것이요, 또한 이 예로 든 경우에 얽매일 필요가 없으니, 다만 늘 자기를 낮추고 다른 사람을 높인다는 생각을 가슴 속에 두어야 한다.

漢字練習

侍

믿을 시

陵

언덕 릉

諒

살펴 알 량

闕

대궐 궐

陋

더러울 루

暄

온난할 훤

囂

시끄러울 효

文章練習

凡接人에 當務和敬이니 年長以倍면 則父事之하고 十年以長이면 則兄事之하며 五年以長이면 亦稍加敬이며 最不可恃學自高하여 尙氣陵人也니라.

擇友에 必取好學好善하고 方嚴直諒之人하여 與之同處하며 虛受規戒하여 以攻吾闕이니 若其怠惰好嬉하고 柔佞不直者는 則不可交也니라.

鄕人之善者는 則必須親近通情하고 而鄕人之不善者도 亦不可惡言으로 揚其陋行이니 但待之泛然하여 不相往來니라. 若前日相知者는 則相見에 只敍寒暄하고 不交他語면 則自當漸疎하여 亦不至於怨怒矣리라.

同聲相應하며 同氣相求하나니 若我志於學問이면 則我必求學問之士요 學問之士도 亦必求我矣리라. 彼名爲學問이나 而門庭에 多雜客하여 喧囂度日者는 必其所樂가 不在學問故也니라.

凡拜揖之禮는 不可預定이니 大抵父之執友는 則當拜요 洞內年長十五歲以上者는 當拜요 爵階堂上而長於我十年以上者는 當拜요 鄕人年長二十歲以上者는 當拜로되 而其間高下曲折은 在隨時節中이요 亦不必拘於此例니 但常以自卑尊人底意思로 存諸胸中이 可也니라.

詩曰 溫溫恭人이 惟德之基라 하니라.
시왈 온온공인 유덕지기

人有毁謗我者어든 則必反而自省이니 若我實有可毁之行
인유훼방아자 즉필반이자성 약아실유가훼지행

이면 則自責內訟하여 不憚改過하고 若我過甚微나 而增衍
즉자책내송 불탄개과 약아과심미 이증연

附益이면 則彼言雖過나 而我實有受謗之苗脈하니 亦當
부익 즉피언수과 이아실유수방지묘맥 역당

剗鋤前愆하여 不留毫末하고 若我本無過나 而捏造虛言이면
잔서전건 불류호말 약아본무과 이날조허언

則此不過妄人而已니 與妄人으로 何足計較虛實哉리오.
즉차불과망인이이 여망인 하족계교허실재

且彼之虛謗이 如風之過耳요 雲之過空하니 於我에 何與哉아.
차피지허방 여풍지과이 운지과공 어아 하여재

夫如是면 則毁謗之來에 有則改之하고 無則加勉하여 莫非
부여시 즉훼방지래 유즉개지 무즉가면 막비

有益於我也리라.
유익어아야

若聞過自辨하여 嘵嘵然不置하고 必欲置身於無過之地면
약문과자변 효효연불치 필욕치신어무과지지

則其過愈深하고 而取謗益重矣리라.
즉기과유심 이취방익중의

昔者에 或問止謗之道한대 文中子曰 莫如自修니라.
석자 혹문지방지도 문중자왈 막여자수

請益한대 曰 無辨이라 하니 此言이 可爲學者之法이니라.
청익 왈 무변 차언 가위학자지법

字解

謗_헐뜯을 방/ 나무라다, 비방하다.

자책내송自責內訟: 자신의 잘못을 스스로 깊이 뉘우치고 꾸짖는 것을 뜻한다.

衍_넓을 연/ 넓히다.

증연부익增衍附益: 늘리고 넓히고 덧붙이거나 보태는 것을 말한다.

剗_깎을 잔/ 베다, 다스리다.

鋤_호미 서// 김매다, 없애다.

愆_허물 건/ 나쁜 병// 잘못하다.

전건前愆: 이전에 저지른 잘못을 가리킨다.

捏_꾸밀 날/ 반죽하다.

날조捏造: 사실이 아닌 것을 사실인 것처럼 거짓으로 꾸며 내는 것을 뜻한다.

嘵_두려워할 효/ 다투다, 시끄럽다.

문중자文中子: 중국 수나라 때 유학자인 왕통王通의 시호諡號.

文解

〈시경〉에서 이르길 '부드럽고 따뜻하며 예의 바른 사람만이 오직 덕의 근거라네.'라고 하였다.

사람들 가운데 나를 헐뜯고 비방하는 자가 있거든, 반드시 되돌아보며 스스로 살펴야 하니, 만약 나에게 정말로 헐뜯길 만한 행실이 있었다면, 제 잘못을 스스로 뉘우치고 꾸짖어, 그 잘못을 고치길 꺼리지 말고, 만약 나의 허물이 아주 작으나 늘어나고 불어나게 했다면, 저들의 말이 비록 지나치지만 나에게 정말로 비방 받을 만한 그 싹과 줄기가 있는 것이니, 또한 마땅히 이전에 저지른 잘못을 없애버려 털끝만큼도 남기지 않고, 만약 나에게 본래 허물이 없으나 빈말을 거짓으로 꾸며 냈다면, 이는 망녕된 사람에 지나지 않을 따름이니, 망녕된 사람과 함께 어찌 참과 거짓을 견주어 살펴보겠는가?

또 그 사람의 거짓된 비방이 마치 바람이 귀를 스쳐가고, 구름이 허공을 지나가는 것과 같으니, 나에게 무슨 상관 있겠는가?

무릇 이처럼 한다면, 다른 사람의 헐뜯는 말이 나에게 올 경우에, 헐뜯길 만한 행실이 있으면 고치고, 없다면 더더욱 힘쓰도록 하여, 나에게 이롭지 않음이 없을 것이다.

만약 허물을 듣고 스스로 변명하여, 시끄럽게 굴며 가만있지 못하고, 반드시 자신에게 잘못이 없다고만 한다면, 그 허물은 더욱 심해지고 남에게 듣는 비방은 더욱 무거워질 것이다.

옛날에 어떤 사람이 비방을 그치게 하는 방법을 물었는데, 문중자가 이르길 "스스로 제 몸과 마음을 닦는 것만한 것이 없다."고 하였다.

더 말해주길 청하자, "변명하지 말라."고 말하였으니, 이 말이 배우는 사람의 본보기가 될 수 있을 것이다.

漢字練習

謗

헐뜯을 방

衍

넓을 연

剗

깎을 잔

鋤

호미 서

愆

허물 건

捏

꾸밀 날

嘵

두려워할 효

文章練習

詩曰 溫溫恭人이 惟德之基라 하니라.

人有毁謗我者어든 則必反而自省이니 若我實有可毁之行이면 則自責內訟하여 不憚改過하고 若我過甚微나 而增衍附益이면 則彼言雖過나 而我實有受謗之苗脈하니 亦當剗鋤前愆하여 不留毫末하고 若我本無過나 而揑造虛言이면 則此不過妄人而已니 與妄人으로 何足計較虛實哉리오.

且彼之虛謗이 如風之過耳요 雲之過空하니 於我에 何與哉아.

夫如是면 則毁謗之來에 有則改之하고 無則加勉하여

莫非有益於我也리라.

若聞過自辨하여 曉曉然不置하고 必欲置身於無過之地면 則其過愈深하고 而取謗益重矣리라.

昔者에 或問止謗之道한대 文中子曰 莫如自修니라.

請益한대 曰 無辨이라 하니 此言이 可爲學者之法이니라.

凡侍先生長者에 當質問義理難曉處하여 以明其學히고
범시선생장자 당질문의리난효처 이명기학

侍鄕黨長老에 當小心恭謹하여 不放言語하며 有問에 則敬對
시향당장로 당소심공근 불방언어 유문 즉경대

以實이요 與朋友處에 當以道義講磨하여 只談文字義理而已
이실 여붕우처 당이도의강마 지담문자의리이이

요 世俗鄙俚之說과 及時政得失과 守令賢否와 他人過惡은
세속비리지설 급시정득실 수령현부 타인과악

一切不可掛口니라.
일절불가괘구

與鄕人處에 雖隨問應答이나 而終不可發鄙褻之言하며
여향인처 수수문응답 이종불가발비설지언

雖莊栗自持나 而切不可存矜高之色이요 惟當以善言誘掖하고
수장률자지 이절불가존긍고지색 유당이선언유액

必欲引而向學이니라.
필욕인이향학

與幼者處에 當諄諄言孝悌忠信하여 使發善心이니 若此
여유자처 당순순언효제충신 사발선심 약차

不已면 則鄕俗을 漸可變也리라.
불이 즉향속 점가변야

常以溫恭慈愛하여 惠人濟物爲心이니 若其侵人害物之事는
상이온공자애 혜인제물위심 약기침인해물지사

則一毫不可留於心曲이니라.
즉일호불가류어심곡

凡人이 欲利於己인댄 必至侵害人物이니 故로 學者는 先絶
범인 욕리어기 필지침해인물 고 학자 선절

利心然後에 可以學仁矣니라.
리심연후 가이학인의

居鄕之士는 非公事禮見과 及不得已之故면 則不可
거향지사 비공사례현 급부득이지고 즉불가

出入官府니 邑宰雖至親이라도 亦不可數數往見이어든 況非
출입관부　　읍재수지친　　　　역불가삭삭왕견　　　　황비

親舊乎아. 若非義干請은 則當一切勿爲也니라.
친구호　　약비의간청　　즉당일체물위야

字解

소심小心: 조심하다, 주의하다.

방언어放言語: 거리낌 없이 함부로 말을 하는 것을 이른다.

講_외울 강/ 배우다, 익히다, 연구하다// 강의, 강론.

강마講磨: 학문을 익히고 갈고 닦는 일을 뜻한다.

俚_속될 리/ 촌스럽다, 상스럽다// 시골.

시정時政: 그 당시의 정치에 관한 일을 가리킨다.

掛_걸 괘/ 매달다.

褻_더러울 설/ 추잡하다, 음란하다, 깔보다, 업신여기다.

栗_밤 률|율/ 밤나무// 두려워하다, 엄숙하다, 위엄 있다.

장률莊栗: 씩씩하고 위엄 있는 모습을 말한다.

긍고矜高: 젠체하여 뽐내는 짓을 가리킨다.

掖_겨드랑이 액// 끼다, 끼우다, 부축하다, 곁에서 도와주다.

유액誘掖: 이끌어서 도와주다.

諄_타이를 순/ 정성스럽다.

순순諄諄: 타이르는 태도가 아주 다정하고 친절하다.

심곡心曲: 마음 구석을 뜻한다.

예현禮見: 아랫사람이 예의를 갖추어 웃사람을 찾아뵙는 것을 뜻한다.

삭삭數數: 매우 잦게, 자주자주.

文解

무릇 선생과 어른을 모실 경우에, 사람으로서 바른 도리 가운데 깨닫기 어려운 데를 마땅히 질문하여 그 배움을 분명하게 해야 하고, 마을 어르신을 모실 때에 마땅히 조심하고 공손히 삼가여 말을 함부로 하지 않으며, 질문이 있을 경우에 공경스럽게 사실대로 대답해야 할 것이요, 친구와 더불어 지낼 경우에 마땅히 사람의 도리를 익히고 갈고 닦아, 다만 학문과 도리를 말할 뿐이요, 세속의 더럽고 상스러운 이야기와, 당시 정치의 잘잘못과, 수령이 현명하다거나 그렇지 못함을, 다른 사람의 허물과 죄악은 절대로 입에 올려선 안 된다.

고향 사람과 함께 거처할 적에 비록 물음에 따라 응답을 할 것이나 끝내 더럽고 추잡한 이야기를 해선 안 되며, 비록 씩씩하고 위엄 있는 모습을 스스로 지키더라도, 결코 젠체하여 뽐내는 낯빛을 지녀선 안 될 것이요, 오직 마땅히 좋은 말로써 이끌어 돕고, 반드시 인도하여 학문을 향하도록 해야 한다.

어린이와 함께 지낼 경우에 마땅히 효제충신의 도리를 다정하고 친절하게 일러주어 착한 마음을 일으키게 해야 할 것이니, 이처럼 하여 그만두지 않는다면 마을 풍속을 차츰 변하게 할 수 있다.

언제나 온화하며 공손하고 자애롭게 하여 다른 사람에게 은혜를 베풀고 남 도와주기를 마음가짐으로 삼아야 할 것이니, 마땅히 다른 사람을 해코지하고 남을 방해하는 일은 터럭만큼도 마음 구석에 두어선 안 된다.

무릇 사람들이 자기한테 이롭게 하고자 한다면 반드시 남에게 해를 끼치게 되니, 그러므로 배우는 사람은 먼저 이기심을 끊어버린 뒤에 인을 배울 수 있다.

시골에 사는 선비는 공적인 일이나 예현 및 부득이한 사유가 아니면 관청에 출입해선 안 되니, 고을 벼슬아치가 비록 아주 친한 사이라도 또한 자주자주 찾아보지 말아야 하는데 하물며 친구가 아닌 관계에서랴! 도리에 맞지 않는 요구와 청탁 따위는 마땅히 절대로 하지 말아야 한다.

漢字練習

講

외울 강

俚

속될 리

掛

걸 괘

褻

더러울 설

栗

밤 률

掖

겨드랑이 액

諄

타이를 순

文章練習

凡侍先生長者에 當質問義理難曉處하여 以明其學하고 侍鄕黨長老에 當小心恭謹하여 不放言語하며 有問에 則敬對以實이요 與朋友處에 當以道義講磨하여 只談文字義理而已요 世俗鄙俚之說과 及時政得失과 守令賢否와 他人過惡은 一切不可掛口니라.

與鄕人處에 雖隨問應答이나 而終不可發鄙褻之言하며 雖莊栗自持나 而切不可存矜高之色이요 惟當以善言誘掖하고 必欲引而向學이니라.

與幼者處에 當諄諄言孝悌忠信하여 使發善心이니 若此不已면 則鄕俗을 漸可變也리라.

常以溫恭慈愛하여 惠人濟物爲心이니 若其侵人害物之事는 則一毫不可留於心曲이니라.

凡人이 欲利於己인댄 必至侵害人物이니 故로 學者는 先絶利心然後에 可以學仁矣니라.

居鄕之士는 非公事禮見과 及不得已之故면 則不可出入官府니 邑宰雖至親이라도 亦不可數數往見이어든 況非親舊乎아. 若非義干請은 則當一切勿爲也니라.

處世章 第十

古之學者는 未嘗求仕로되 學成이면 則爲上者가 擧而用之하니
고지학자 미상구사 학성 즉위상자 거이용지

蓋仕者는 爲人이요 非爲己也라.
개사자 위인 비위기야

今世엔 則不然하여 以科擧取人하여 雖有通天之學과
금세 즉불연 이과학취인 수유통천지학

絶人之行이라도 非科擧면 無由進於行道之位라. 故로
절인지행 비과거 무유진어행도지위 고

父敎其子하고 兄勉其弟하여 科擧之外에 更無他術하니
부교기자 형면기제 과거지외 갱무타술

士習之偸이 職此之由라.
사습지투 직차지유

第今爲士者는 多爲父母之望과 門戶之計하여 不免做科業
제금위사자 다위부모지망 문호지계 불면주과업

이니 亦當利其器하고 俟其時하여 得失을 付之天命이요
역다이기기 사기시 득실 부지천명

不可貪躁熱中하여 以喪其志也니라.
부가탐조열중 이상기지야

人言科業爲累하여 不能學問이라 하니 此亦推託之言이요
인언과업위루 불능학문 차역추탁지언

非出於誠心也라.
비출어성심야

古人養親에 有躬耕者하고 有行傭者하며 有負米者하니
고인양친 유궁경자 유행용자 유부미자

夫躬耕行傭負米之時에 勤苦甚矣니 何暇讀書乎아.
부궁경행용부미지시 근고심의 하가독서호

惟其爲親任勞하여 旣修子職하고 而餘力學文이로되
유기위친임로 기수자직 이여력학문

亦可進德이어든 今日之爲士者는 不見爲親任勞를 如古人者
역가진덕 금일지위사자 불견위친임로 여고인자

하고 只是科業一事이 是親情之所欲이라 하여 今旣不免做功
지시과업일사 시친정지소욕 금기불면주공

하니 則科業이 雖與理學不同이나 亦是坐而讀書作文이라
즉과업 수여리학부동 역시좌이독서작문

其便於躬耕行傭負米이 不翅百倍라. 況有餘力하여 可讀
기편어궁경행용부미 불시백배 황유여력 가독

性理之書哉아.
성리지서재

字解

과거科擧: 우리나라와 중국에서 관리를 뽑을 때 실시하던 시험을 말한다.

취인取人: 인재를 골라 쓰는 것을 가리킨다.

절인絶人: 남보다 아주 뛰어남. 또는 그런 사람을 뜻한다.

행도지위行道之位: 직역하면 '도를 행하는 자리'라는 뜻이나 본문에선 문맥을 살려 '벼슬자리'로 의역했다.

偸_훔칠 투/ 구차하다, 야박하다.

문호門戶: 대대로 내려오는 그 집안의 사회적 신분 또는 지위를 이른다.

做_지을 주/ 만들다, 맡다.

과업科業: 과거科擧와 같다. 본문에선 문맥에 따라 과거 또는 과거 공부로 풀이했다.

俟_기다릴 사.

득실得失 : 얻고 잃음. 곧 급제와 낙방을 가리킨다.

付_줄 부/ 맡기다, 부탁하다, 넘기다.

躁_조급할 조/ 성급하다.

추탁推託: 다른 일을 핑계 삼다. 여기서 託은 '핑계하다'의 뜻이다.

傭_품 팔 용// 품팔이꾼, 품삯.

행용行傭: 삯일을 하다.

翅_날개 시// 날다// 뿐, 다만// 다만 ~뿐이다.

근고勤苦: 근로勤勞(육체노동)의 고생을 말한다.

文解

옛 학자는 일찍이 벼슬을 구하지 않았으되, 학문이 성숙하면 윗사람이 추천하여 그를 등용하였으니, 대개 벼슬이란 다른 사람을 위한 것이요, 자기를 위한 것이 아니다.

지금 세상엔 그렇지 아니하여 과거로써 인재를 가려, 비록 하늘의 이치를 통달한 학문과 남보다 아주 뛰어난 행실이 있더라도 과거가 아니면 벼슬자리로 나아갈 도리가 없다. 그러므로 아버지가 제 아들한테 시키고 형은 제 동생에게 억지로 하게 하여 과거 말고는 다시 다른 방법이 없으니, 선비의 풍습이 구차함이 오로지 이 때문이다.

다만 지금 선비 된 이는 많이들 부모의 바람과 가문을 따지는 것을 생각하여 과거 공부를 면할 수 없는 것이니, 또한 마땅히 그 재능을 벼리고, 그때를 기다려 급제와 낙방을 천명에 맡길 것이요, 욕심부리며 조급해 하고 속 끓이게 하여 자기의 뜻을 잃어버려선 안 된다.

사람들이 말하길 과거 공부에 묶여 학문을 할 수 없다고 하니, 이 또한 핑계 삼은 말이요, 참된 마음에서 나온 것은 아니다.

옛 사람은 부모를 봉양하는 데 몸소 밭을 간 이도 있었고, 삯일을 한 이도 있었으며, 쌀가마 지는 일을 한 이도 있었으니, 몸소 밭을 갈고, 삯일을 하고, 쌀가마 지는 일을 할 때에 육체노동의 고생이 심했을 것이니, 어느 겨를에 글을 읽었겠는가?

오직 부모를 위해 수고하여, 이미 자식 노릇를 잘 해내고 아직 남아 있는 힘으로 글을 배웠던 것이로되 또한 덕으로 나아갈 수 있었거든, 오늘날 선비 된 자들은 부모를 위해 수고하기를 옛 사람처럼 하는 경우를 보지 못하였고, 다만 과거 공부 한 가지 일이 곧 어버이 마음의 바라는 바이라 하여, 지금 이미 애쓰는 것을 면하지 못하니, 과거 공부가 비록 이치를 연구하는 학문과는 같지 않으나, 또한 앉아서 책을 읽고 글을 짓는 일이라, 몸소 밭

갈고, 삯일 하고, 쌀가마 지는 일보다 편한 것이 백 배일 뿐만이 아니다. 하물며 여력이 있어 성리에 관한 책을 있을 수 있음에랴!

漢字練習

偸								

훔칠 투

做								

지을 주

俟								

기다릴 사

付								

줄 부

躁								

조급할 조

傭								

품 팔 용

翅								

날개 시

文章練習

古之學者는 未嘗求仕로되 學成이면 則爲上者가 擧而用之하니 蓋仕者는 爲人이요 非爲己也라.

今世엔 則不然하여 以科擧取人하여 雖有通天之學과 絶人之行이라도 非科擧면 無由進於行道之位라.

故로 父敎其子하고 兄勉其弟하여 科擧之外에 更無他術하니 士習之偸이 職此之由라.

第今爲士者는 多爲父母之望과 門戶之計하여 不免做科業이니 亦當利其器하고 俟其時하여 得失을 付之天命이요 不可貪躁熱中하여 以喪其志也니라.

人言科業爲累하여 不能學問이라 하니 此亦推託之言이요

非出於誠心也라.

古人養親에 有躬耕者하고 有行傭者하며 有負米者하니

夫躬耕行傭負米之時에 勤苦甚矣니 何暇讀書乎아.

惟其爲親任勞하여 既修子職하고 而餘力學文이로되 亦可

進德이어든 今日之爲士者는 不見爲親任勞를 如古人者

하고 只是科業一事이 是親情之所欲이라 하여 今既不免

做功하니 則科業이 雖與理學不同이나 亦是坐而讀書

作文이라 其便於躬耕行傭負米이 不翅百倍라.

況有餘力하여 可讀性理之書哉아.

只是做科業者는 例爲得失所動하고 心常躁競하여 反不若
지시주과업자 열위득실소동 심상조경 반불약

勞力之不害心術이라.
로력지불해심술

故로 先賢曰 不患妨功이요 惟患奪志라 하니 若能爲其事하고
고 선현왈 불환방공 유환탈지 약능위기사

而不喪其守면 則科業理學이 可以竝行不悖矣리라.
이불상기수 즉과업리학 가이병행불패의

今人은 名爲做擧業이나 而實不著功하고 名爲做理學이나
금인 명위주거업 이실불저공 명위주리학

而實不下手하여 若責以科業이면 則曰 我志於理學하여 不能
이실불하수 약책이과업 즉왈 아지어리학 불능

屑屑於此라 하고 若責以理學이면 則曰 我爲科業所累하여
설설어차 약책이리학 즉왈 아위과업소루

不能用功於實地라 하여 如是兩占便宜하고 悠悠度日하다가
불능용공어실지 여시양점편의 유유도일

卒至於科業理學이 兩無所成하니 老大之後에 雖悔인들 何追리오.
졸지어과업리학 양무소성 노대지후 수회 하추

嗚呼라. 可不戒哉아.
오호 가불계재

人於未仕時엔 惟仕是急하고 旣仕後엔 又恐失之하나니
인어미사시 유사시급 기사후 우공실지

如是汨沒하여 喪其本心者가 多矣라. 豈不可懼哉아.
여시골몰 상기본심자 다의 기불가구재

位高者는 主於行道하니 道不可行이면 則可以退矣요
위고자 주어행도 도불가행 즉가이퇴의

若家貧하여 未免祿仕면 則須辭內就外하고 辭尊居卑하여
약가빈 미면록사 즉수사내취외 사존거비

以免飢寒而已라.
이면기한이이

雖曰祿仕나 亦當廉勤奉公하여 盡其職務요 不可曠官하고
수왈록사 역당렴근봉공 진기직무 불가광관

而餔啜也니라.
이포철아

字解

조경躁競: 마음을 조급히 하여 부귀나 권세를 다투는 것을 말한다.

悖_거스를 패/ 어그러지다.

屑_가루 설// 달갑게 여기다, (마음에) 두다, 중히 여기다.

설설屑屑: 신경 쓰거나 개의介意하는 모습을 가리킨다.

실지實地: 실제의 처지나 경우를 뜻한다.

悠_멀 유/ 아득하다, 한가하다.

유유悠悠 : 한가로이 지내는 모양을 이른다.

노대老大: 나이가 많음을 뜻한다.

녹사祿仕: 녹봉을 받기 위하여 벼슬길에 오르는 것을 말한다.

사내취외辭內就外: 내직을 사양하고 외직으로 나아감. 내직은 조정 또는 서울에 있던 중요한 직책을 말하며, 외직은 지방에 있거나 한직을 가리킨다.

廉_청렴할 렴/ 검소하다, 결백하다// 염치.

曠_빌 광/ 공허하다, 밝다, 넓다.

餔_저녁밥 포// 먹다, 먹이다.

文解

다만 과거 공부를 하는 경우에는 대개 급제와 낙방에 동요하여, 마음이 항상 조급하게 다퉈, 도리어 힘을 들여 일하는 것이 마음공부를 해치지 않는 것만 못하다.

그러므로 선현께서 말씀하길 "공부에 방해될까 걱정하지 말 것이요, 오직 뜻을 빼앗길까 걱정하라."고 하니, 만약 그 과거 공부를 잘 해내면서도 그 지켜야 할 뜻을 잃지 않는다면, 과거 공부와 이치를 연구하는 학문이 병행되어도 어그러지지 않을 것이다.

지금 사람들은 명분으론 과거 공부 하는 것을 삼았으나 실제로는 공부를 하지 않고, 명분으론 이학 공부 하는 것을 삼았으나 실제로는 손대지 아니하여, 만약 과거 공부로써 꾸짖으면 "나는 이학에 뜻을 두어 여기에 신경 쓸 수 없다."고 하고, 만약 이학으로써 질책하면 "나는 과거 공부에 매여 실제 처지에서 이학 공부에 힘쓸 수 없다."고 하여, 이처럼 둘 중에 그 편리한 곳을 차지하고 한가로이 세월을 보내다가 마침내 과거와 이학이 둘 다 이뤄진 바가 없게 되고야 마니, 나이만 많이 먹은 뒤에 비록 후회한들 어찌 되돌릴 수 있겠는가?

아아! 경계하지 않을 수 있겠는가!

사람들이 아직 벼슬하지 않았을 적엔 오직 벼슬하는 것만을 급한 일로 여기고, 이미 벼슬살이를 한 뒤엔 또 벼슬을 잃지 않을까 두려워하나니, 이와 같이 골몰하여 그 본심을 잃은 이가 많다. 어찌 두려워하지 않겠는가!

지위가 높은 사람은 치도治道를 행함에 주관해야 하니, 치도를 행할 수 없다면 물러나야 할 것이요, 만약 집이 가난하여 녹봉을 위해 벼슬길에 오르는 것을 벗어나지 못한다면, 모름지기 내직을 사양하며 외직으로 나가야 하고, 높은 자리를 사양하며 낮은 자리에 머무르도록 하여, 굶주림과 추위를 면해야 할 따름이다.

비록 녹봉을 위한 벼슬살이라고 하나 또한 마땅히 청렴하고 부지런히 일하며 공직에 힘써 그 직무를 다해야 할 것이요, 자리를 비워 두고서 먹고

마시려고만 해선 안 된다.

漢字練習

悖

거스를 패

屑

가루 설

悠

멀 유

廉

청렴할 렴

曠

빌 광

餔

저녁밥 포

文章練習

只是做科業者는 例爲得失所動하고 心常躁競하여 反不若勞力之不害心術이라. 故로 先賢曰 不患妨功이요 惟患奪志라 하니 若能爲其事하고 而不喪其守면 則科業理學이 可以竝行不悖矣리라. 今人은 名爲做擧業이나 而實不著功하고 名爲做理學이나 而實不下手하여 若責以科業이면 則曰 我志於理學하여 不能屑屑於此라 하고 若責以理學이면 則曰 我爲科業所累하여 不能用功於實地라 하여 如是兩占便宜하고 悠悠度日하다가 卒至於科業理學이 兩無

所成하니 老大之後에 雖悔인들 何追리오.

嗚呼라. 可不戒哉아.

人於未仕時엔 惟仕是急하고 既仕後엔 又恐失之하나니 如是汨沒하여 喪其本心者가 多矣라. 豈不可懼哉아.

位高者는 主於行道하니 道不可行이면 則可以退矣요

若家貧하여 未免祿仕면 則須辭內就外하고 辭尊居卑하여 以免飢寒而已라.

雖曰祿仕나 亦當廉勤奉公하여 盡其職務요 不可曠官하고 而餔啜也니라.

손으로 쓰는 책 출간도서

■ 계몽啓蒙

조선시대 학동이 천자문을 뗀 다음 한문 기초를 익히기 위한 일종의 교과서였다. 저작자와 저작 연대는 알려지지 않았다.

■ 페이지 · 128p

■ 가격 · 9,800원

손으로 쓰는 책 출간도서

■ 동몽선습東蒙先習

이 책은 조선 중기의 문신인 박세무가 저술했다고 일반적으로 알려졌다. (그러나 민제인이나 김안국이 지었다는 기록도 있어 앞으로 더 깊은 연구가 필요하다.)

조선시대 학동이 〈천자문〉을 떼고 나서 그 다음 과정으로 〈계몽〉과 더불어 반드시 배우고 익혔던 대표적 학습 교재인 이 책은, 조선 왕실의 세자 교육용으로도 활용되었다는 사실에서 당대의 학술적 평가가 얼마나 높았는지 잘 알 수 있다.

■페이지 · 168p

■가격 · 12,000원